「遺言相続の落とし穴・改訂版」発刊のご挨拶

　本書を手に取っていただき、ありがとうございます。

　本書は、大阪弁護士会が、遺言や相続で悩んだり、困ったりしている方々のお役に立てるよう、難しい法律問題をできる限りかみ砕いて、わかりやすく説明するための書籍です。

　以下、発刊に至る経緯を少しばかり説明させていただきます。

　日本では、平成19年に超高齢社会に突入しました。超高齢社会とは、人口に占める65歳以上の高齢者の割合が21％を超える社会のことですが、現時点では国民のほぼ３人に１人は高齢者であり、人生100年という言葉も生まれました。

　しかし、高齢化が進むにつれ、遺言や相続をめぐるトラブルは増加傾向にあります。もちろん、その背景には、経済の失速、一人暮らしの高齢者の増加、介護、認知症などの問題が潜んでいますが、それだけではありません。

　たとえば、インターネットの普及によって、遺言や相続に関する知識を手軽に入手できるようになりましたが、ときには誤解を招くような不正確な情報も見受けられ、かえって混乱を招きやすい環境にあると思われます。

　そこで大阪弁護士会では、平成20年に会内に遺言相続センターを設置し、遺言相続についての正確な知識の普及のために無料電話法律相談を始め、さらに、平成25年には「遺言相続の落とし穴」（以下、「旧版」という）を刊行しました。

　しかし、それから10年が経過し、その間に数次の法改正があったことから旧版の内容が現状にそぐわなくなりました。そこで、大阪弁護士会は、15年にわたって培ってきた当会遺言相続センターの知見を再結集して、「遺言相続の落とし穴・改訂版」の発刊に踏み切った次第です。

　もちろん、難しい法律問題を正確にご理解いただくことは簡単ではありません。ただ、遺言や相続の問題に直面する皆様に本書をお読みいただき、一人でも多くの方に、「あ、そうだったのか！」と思っていただければ幸いです。

　令和５年９月

大阪弁護士会会長　　三　木　秀　夫

本書の使い方

本書の使い方について、以下のとおり、ご説明します。

I　本書の目的

本書は、「遺言相続の落とし穴」旧版の趣旨を受け継ぎ、専門家ではない一般の人たちに、遺言・相続に関して必要な基礎知識を短時間で身につけていただくことを目的としています。

そこで、本書では、頻度の高い相談例を設例として取り上げ、それぞれの設例につき、見開き1頁（左右2頁）で説明するよう工夫しました。1題につき5分〜10分で読めますが、最初から最後まで通読していただければ遺言や相続に関する問題についてより一層理解が深まるはずです。

2　編集方針

本書で取り上げた62題の設例は、平成20年以降15年間にわたって遺言・相続センターが扱った2万5千件以上の相談例の中から、件数の多かったものや相談者が勘違いされている可能性が高いもの（遺言相続の落とし穴）を厳選しています。

もちろんインターネットや各種の媒体で、簡単に遺言や相続に関する情報を手に入れることができますが、不正確な情報も少なくないので、本書によって、もう一度、情報の正確性を確認していただければ幸いです。

なお、本書の原稿は、日常的に大阪弁護士会／遺言・相続センターにかかわる弁護士が執筆者となり、さらに、豊富な経験をもつ編集委員が数度にわたって内容を見直して完成させました。頁数こそ少ないですが、本書は同種のノウハウ本と比べても遜色ない内容になっているはずです。

3　該当部分の探し方

ご自身が直面する問題についての説明を探す場合には、まず、「目次」で設例の中に該当するものがないかを確認して下さい。設例の順序に明確な規則性はありませんが、おおむね「相続」→「遺言」の順に並べています。

また、目次に該当するものが見当たらなければ、末尾の「索引」で探して下さい。なお、設例の中には「☞」として関連のテーマを指示していま

すので、そのテーマを参照していただければ、理解の手がかりとなります。

4　説明について

　本書では、一般の方に理解していただくために、なるべくやさしい表現を心がけ、法理論の説明は最小限とし、裁判例も引用していません。もっとも、本書は「遺言相続の落とし穴」（旧版）以降の法改正（平成30年及び令和3年の民法改正等）の内容を反映していますので、現時点で最新のものとご理解いただいて結構です。

　なお、本書には相続税など税務に関する記述が含まれますが、課税要件等は年々変更されますので、最終的には税務署または税理士にご確認下さい。

5　本書の内容が理解できない場合

　本書では限られた紙幅の中に「遺言相続の落とし穴」に関する多くのエッセンスを詰め込みました。そのため、たしかに理解が難しい項目もありますし、短い表現の中に様々な示唆が含まれていることも少なくありません。ですから、一読して本書の内容をうまく理解できなかったとしても不思議ではありません。

　このような場合には、市役所等の法律相談や無料電話相談（後記）で弁護士に疑問点を質問いただきたく存じます。それでも納得できない場合には、法律事務所で弁護士と面談して相談し、理解できるまで確認して下さい。

　端的に言って、遺言や相続についてはすべての方に千差万別の事情があり、それに応じてアドバイスの仕方も異なります。本書中では法律的に正しい説明をしきれないため、弁護士への相談を推奨する部分もありますが、それはそれだけ難しい問題なのだとご理解いただきたく存じます。

6　さいごに

　「生兵法は怪我のもと」ですが「備えあれば憂いなし」という言葉もあります。

　遺言や相続に頭を悩ませるすべての方にとって、本書が「転ばぬ先の杖」として、少しでもお役に立てればと願います。

大阪弁護士会／遺言・相続センター運営委員会

編集委員一同

目　次

> 設問
>
> 母に続いて叔父（母の弟）が亡くなりましたが、叔父は独身で子もいませんでした。姪の私は叔父の相続人になるのでしょうか。また、叔父の相続人はどうやって確認すればよいのでしょう。

> 回答
>
> 叔父さんに配偶者、子、親がいなければ、あなたはお母さんを代襲して相続人になります。市役所等で叔父さんの出生から死亡までの戸籍謄本等を取得して、誰が叔父さんの相続人になるのか確認して下さい。

解説

I　法定相続人

　一般に、亡くなられた方（被相続人）からみて誰が（法定）相続人になるのか簡単に説明しましょう。

　まず、被相続人の配偶者は常に相続人です。つぎに、被相続人の子も常に第一順位の相続人となります。

　ここでの「子」には、認知した子や養子が含まれ、実子として生まれた後に誰かと普通養子縁組した、いわゆる「養子に出た子」も含まれます。また、被相続人の相続開始前に子が死亡している場合などでは、直系卑属（孫やひ孫）が子を代襲して第一順位の相続人になります。

　つぎに、子（第一順位の相続人）がなければ、直系尊属（父母、祖父母ら）が第二順位の相続人になります。そして、被相続人の兄弟姉妹は、第一順位の相続人も第二順位の相続人もいない場合にはじめて、第三順位の相続人になるのです（民法889条1項2号）。

2　代襲相続

　設問では、叔父さんより先にお母さんが亡くなっておられるようですが、兄弟姉妹が相続人になるべき場合には、一代に限り、甥や姪による代襲相続が認められています（民法889条2項、887条2項）。ちなみに、代襲相続とは、相続人となるべき子または兄弟姉妹が被相続人の死亡以前に亡くなる等の理由で相続権を失っていた場合に、その者の子が、その者の受け

るはずだった相続分を被相続人から直接相続する制度です。

　したがって、叔父さんに第一順位、第二順位の相続人がいない場合には、あなたがお母さんを代襲して、叔父さんの相続人になります。

3　相続人の調査

　もっとも、あなたが叔父さんの相続人になるか否かは、戸籍で確認しなければ確定できません。あなたは、叔父さんが結婚していないとか子がいないなど、叔父さんのことをよくご存知かもしれませんが、親族の知らない間に認知や養子縁組などがされていることもあります。

　また、あなたが叔父さんの相続人になるとしても、ほかに同様の立場（第三順位）の相続人（叔父さんの兄弟姉妹や甥・姪など）がいる可能性があります。その場合には、叔父さんの遺産は（当然に分割されるものを除いて）相続人全員の共有財産となり、相続人全員で遺産分割しなければなりませんから、それに備える意味でも、早めに叔父さんの相続人を確認しておくべきでしょう。

4　調査の方法

　現在の戸籍には過去のすべての身分行為は記載されていないので、結婚や転籍によって戸籍が移動している場合には、遡ってその前の戸籍謄本や除籍謄本を取得し、過去の履歴を確認する必要があります。また、戸籍は時代によって保存方法も帳簿からデータへ変化し、被相続人の生存期間中にその切り替わり（改製）があるなら、それ以前に生じた親子関係の有無を確認するために「改製原戸籍」を取得しなければなりません。さらに、兄弟姉妹による相続や代襲相続・数次相続の場合には収集する戸籍謄本等の範囲はさらに広がりますし、遠隔地の市役所等への照会などで時間がかかることもめずらしくありません。

5　弁護士への相談

　誰が相続人になるのかは相続の出発点ですが、養子縁組・数次相続・相続放棄・相続欠格など複雑な事情がある場合は誤解が生じやすく、戸籍の調査に手間がかかることも前述のとおりです。したがって、最初の段階から弁護士に相談しておいた方が安全だと思います。

> 設問 父が亡くなりました。長女の私は、他の相続人（弟・妹）に対して法定相続分どおりに遺産を分けるよう要求できますか。

> 回答 他の相続人に対して、法定相続分どおりに遺産を分けるよう要求できるとは限りません。

解説

I 相続分・指定相続分

複数の相続人が遺産を承継する場合における各人の遺産の取得割合を「相続分」といい、被相続人（亡くなった人）は、生前に、遺言で「相続分」を定めることができます（指定相続分）。もっとも、相続分の指定が遺留分を侵害すると遺留分侵害額請求を受ける可能性がありますし（☞**テーマ48**）、債務に関する相続分の指定は債権者に対抗できない（☞**テーマ20**）といった限界もあります。

2 法定相続分

これに対して、「法定相続分」とは、相続分の指定がない場合の「相続分」のことで、その名のとおり法律で定められており（民法900条）、内容は以下のとおりです。

(1) 配偶者・・・被相続人に子がいる場合の配偶者の法定相続分は2分の1で、子がおらず直系尊属（父母、祖父母、曾祖父母）がいる場合の配偶者の法定相続分は3分の2です。子も直系尊属もおらず兄弟姉妹だけがいる場合の配偶者の法定相続分は4分の3で、ほかに相続人がいなければすべての遺産を相続します。

(2) 子・・・被相続人に配偶者がいる場合の子の法定相続分は2分の1で、配偶者がいなければすべての遺産を相続します。

(3) 直系尊属（父母、祖父母、曾祖父母）・・・被相続人に配偶者はいるが子はいないという場合、直系尊属の法定相続分は3分の1です。配偶

者も子もいない場合はすべての遺産を相続します。

(4) 兄弟姉妹・・・被相続人に配偶者はいるが子も直系尊属もいないという場合、兄弟姉妹の法定相続分は4分の1です。配偶者、子、直系尊属のいずれもいない場合はすべての遺産を相続します。

(5) 立場が同じ者同士の相続分・・・上記(2)から(4)の相続人が複数存在する場合、立場が同じ者同士の間では相続分は等しく、その人数に応じて法定相続分がさらに等分されます。ただし、兄弟姉妹のうち被相続人と父母の一方だけを同じくする「半血の兄弟姉妹」の相続分は、父母の双方を同じくする兄弟姉妹の2分の1です。以前は、嫡出でない子(いわゆる婚外子)の相続分は嫡出子の2分の1とされていましたが、現在は婚外子か否かによる区別はなくなりました。

(6) 代襲相続人の相続分・・・代襲相続によって相続人となる者(孫、ひ孫、甥、姪)の相続分は、相続人になるはずだった者(子または兄弟姉妹)と同じです。代襲相続する者が複数いる場合は、相続人になるはずだった者の法定相続分を代襲相続する者の人数で等分します(民法901条)。

3　具体的相続分

　法定相続分は遺産分割手続における目安ですが、相続人間の実質的な公平を確保するため、生前に被相続人から多額の贈与を受けている相続人がいる場合には「特別受益」により、被相続人の財産形成に寄与したり財産維持に協力したりした相続人がいる場合には「寄与分」によって一定の修正が加えられることがあり(☞テーマ26、28)、修正後の相続人の最終的な遺産取得割合は「具体的相続分」と呼ばれます。また、自宅不動産などそのままでは法定相続分どおりに分配できない遺産もあるでしょう。したがって、遺産分割で、必ず法定相続分どおりに遺産を分けられるとは限らないのです。

　もっとも、不法行為に基づく損害賠償債権など法定相続分の割合で「当然分割」される遺産もあり、これらは原則として遺産分割調停や審判の対象には含まれません。また、相続債務も法定相続分に応じて分割債務となります。

　したがって、相続にあたって法定相続分が重要な基準であることは間違いありません。

設問 うちの子どもたちは仲がいいし財産も少ないので、相続トラブルとは無縁だと思うのですが、それでも何か注意が必要でしょうか。

回答 ご家族の仲がよいのは素晴しいことですが、近年、相続紛争は増加しています。相続紛争を予防するために遺言書の作成をお勧めしています。

解説

1 相続紛争の増加

相続が発生して遺言がない場合には、相続人全員で協議して、誰がどの財産を相続するのかを確定しなければなりません（遺産分割）。ところが、相続人の中に海外在住の方や居所不明の相続人がいる場合や、認知症で認知判断能力がない相続人がおられる場合では、そもそも遺産分割の協議をすることが難しくなります。また、それらの問題がなくても、相続人全員の意見が一致しないと遺産分割協議がまとまらず、家庭裁判所での遺産分割調停や遺産分割審判によって遺産分割の内容を決めることになります。

ちなみに、ここ2、3年の遺産分割調停及び審判の申立件数は約1万4000件ですが（令和3年司法統計から推定）、これは約20年前の1.5倍にあたり、増加傾向です。また、その事案のうち約80％は遺産総額が5000万円以下の事件で、さらにその3分の1は遺産総額が1000万円以下の事案です。

したがって、相続紛争は富裕層だけの話ではないし、「うちは大丈夫」と思っているご家庭でも、やがて相続紛争に直面する可能性がないとはいえません。

2 相続紛争増加の原因

相続紛争が増える原因としては、第一に、親子間の経済格差が広がっていることが挙げられます。たとえば、親の世代は蓄えもあり、年金で一応の生活水準を確保できる方が比較的多いのに対し、子（相続人）の世代はバブル崩壊後の長引く不況の中で蓄えができず、将来の生活に不安を持つ

方が多くなっています。そのため、子の世代は、親の相続にあたって「もらえるものは、もらいたい」と期待しますし、それは無理からぬことといえるでしょう。

　第二に、親世代の高齢化や介護の問題も原因のひとつです。いまや65歳以上の高齢者人口は約3640万人を超え、平均寿命は男性が82歳、女性は88歳に伸びましたが、健康寿命（医療や介護なしに自立できる年齢）は男性が72歳、女性は74歳と言われていますから、医療や介護の問題はどの家庭にも訪れます。

　たとえば、親と同居して介護してきた子は、親の相続についても、そのことを正当に評価してもらいたいと思うでしょう。しかし、介護の苦労はそれをしてきた者でなければわかりません。そして、同居していなかった子は、同居していた子が親の認知症に乗じて親の財産を自分のために遣ってしまったと考えるかもしれません。そうなると、同居していた子とそうでない子の間で深刻な対立を生むことになります。

　第三に、核家族化によって親兄弟が遠隔地でばらばらに暮らしていることも相続紛争の原因となります。たとえば、親と遠く離れて暮らす子は、滅多に親に会わないので情報が少なく、遺産の範囲、特別受益、使途不明金などの問題について誤解や疑念をもちやすい傾向があります。

3　相続紛争の対策

　以上のように、長い年月の間には状況が変化しますから、今は仲のよいご家族であっても、将来、相続紛争に見舞われないとは限りません。

　こうしたトラブルを未然に予防するための第一の選択肢は、相続人たちが協議しなくてもすむように遺言書を作成しておくことですが、それを先延ばしして認知症が進行すれば、遺言能力を失って有効な遺言ができなくなります。また、ある日突然、心疾患、脳血管疾患、不慮の事故などに見舞われた場合には、遺言書を書く時間的余裕がありません。

　ですから、ぜひ、元気なうちに家族と相続について話し合い、先々のことを考えて遺言書を作成されることをお勧めします。

設問 亡母の四十九日法要が終わりました。相続人は兄と私で遺言はなく、遺産は自宅や田舎の山林を含めて6000万円くらいだと思いますが、母と同居していた兄は何も言ってきません。私から話し合いを求めるべきでしょうか。また、このまま話し合いをせずに放置していたら問題があるでしょうか。

回答 お兄さんが動かないようなら、問題を先送りせず、早めに遺産分割協議を始めるべきでしょう。

解　説

1　話合いのタイミング

設問では、お兄さんが遺産を管理されているはずですから、あなたから遺産の開示と相続の話を求めるしかありません。通夜や葬儀の席でいきなり相続の話を出すのは疑問ですが、四十九日（満中陰）は故人の来世が決まる日であり、この日までが忌中なので、その法要が終わってから遺産分割協議の話を持ち出すのはおかしなことではありません。

2　相続税申告

相続税の基礎控除の額は「3000万円＋600万円×法定相続人数」なので、相続人 2 人で遺産が4200万円までなら相続税はかかりません（平成27年 1 月以降に相続開始した場合です）。しかし、設問では遺産の額がこれを超えそうなので、相続開始後10か月までに相続税の申告納付が必要でしょう。なお、被相続人の課税所得があるなら、相続開始後 4 か月までに準確定申告が必要になります。したがって、税務申告を理由にしてお兄さんに遺産開示を求め、税理士にも相談されることをお勧めします。

3　相続放棄

万一、遺産より相続債務が多ければ、相続放棄を検討することになりますが、相続放棄は自分のために相続開始があったことを知った時から 3 か

月以内に手続しなければなりません（☞テーマ31）。したがって、その意味でも、早めにお兄さんに遺産の開示を求めるべきでしょう。

4　放置していると

このまま放置していた場合、相続税申告期限の１、２か月前になって、お兄さんから、十分な説明もないまま、いきなり遺産分割協議書への署名・捺印と印鑑証明書の交付を求められる可能性があります。

でも、相続税の申告納付期限までに遺産分割協議がまとまらないなら未分割で相続税申告すれば足ります。もちろんいったん相続税を納付する必要がありますが、３年以内に遺産分割して申告しなおせば、配偶者の税額軽減や小規模宅地特例なども遡って適用できますので、あわてて、言われるままの遺産分割協議書を作成する必要はありません。

5　令和３年民法・不動産登記法改正の影響

遺産の中に不動産がある場合、これまでは相続登記しなくても不利益はありませんでしたが、令和６年４月１日以降は、相続によって不動産を取得した相続人は、相続及び所有権を取得したことを知った日から３年以内に相続登記または相続申告登記の申請を行うことが義務付けられ、正当な理由なく違反した場合には10万円以下の過料が課される可能性があります。また、施行日前に相続が開始していたときも、施行日から３年以内に登記の申請が必要です。

さらに、令和５年４月１日以降は、相続開始から10年を経過した後にする遺産分割では、原則として具体的相続分ではなく、法定相続分または指定相続分によるものとされ、特別受益や寄与分は考慮されないことになりました（☞テーマ２、26、28）。

6　話合いを求める方法

お兄さんに相続の話を切り出すのは気が進まないかもしれませんが、いずれ片づけなければならない問題です。問題を先送りしても事態は好転しないので、税務申告や法律改正の話をきっかけにして、お兄さんに遺産の開示をお願いするべきだと思います。

> 設問
>
> 亡父の相続につき、相続人となった私と弟の間で話し合いがまとまりました。遺産分割協議書を作りたいのですが、どのような点に気をつければいいですか。

> 回答
>
> 遺産分割とは相続人間で遺産の分配を決めることで、遺産分割協議書はその合意を証明する重要な文書です。遺産分割協議書に間違いや遺漏があると、やり直しが必要となったり紛争を招くこともあるので、弁護士に相談しながら、慎重に作成して下さい。

解 説

１　作成前の注意

第一に、遺言は遺産分割に優先します。遺言があっても相続人と受贈者全員の同意があれば遺産分割できますが、そうでない場合には遺産分割が無効となりかねませんので、遺言書は必ず相続人に開示して下さい。

第二に、遺産分割は相続人全員で合意する必要がありますから、相続人の調査は必要不可欠です（☞**テーマ１**）。具体的には、遺産分割協議書を作成する前に、被相続人の原戸籍を含めたすべての戸籍謄本類を入手し、相続関係図を作成して認知・養子縁組・代襲相続などによる相続人の有無を確認するべきです。なお、戸籍謄本類を提出先の数に合わせて何通も取得するのは大変ですが、登記所（法務局）に戸除籍謄本等の束とともに相続関係図を提出すれば、登記官がその一覧図に認証文を付した写し（法定相続情報証明）を交付してくれます（無料）。

第三に、遺産分割の対象となる遺産については「遺産目録」を作成し、不動産については全部事項証明書・固定資産税評価証明書、預貯金については通帳・残高証明書等の資料を準備し、相続人全員で遺産分割の対象となる遺産に漏れがないかを確認して下さい。

２　遺産分割協議書の形式

遺言と異なり、遺産分割協議書の形式は法律で決められていませんが、遺産の処分に関する重要文書ですから慎重な取り扱いが必要です。具体的

には、相続人の数に等しい通数の遺産分割協議書を用意し、それぞれに相続人全員が署名し、実印で押印し、発行から3か月以内の印鑑証明書を添付して下さい。遺産分割協議書が複数枚となるなら各葉に契印を押すか、製本します。なお、遠隔地に複数の相続人がいて一堂に会しての遺産分割協議書の作成が難しいといった事情がある場合は弁護士にご相談下さい。

3　遺産分割協議書の内容

遺産分割協議書では、相続人の誰がどの遺産を取得するのかを明確に記載して下さい。

遺産分割協議書は不動産の相続登記手続の証明資料（登記原因証明情報）となりますが、不動産の特定方法が不正確だと登記できないことがあるので、弁護士や司法書士に確認して下さい。なお、不動産登記法の改正により、令和6年4月1日以降は、遺産分割が成立した日から3年以内の相続登記申請が義務付けられています（義務違反の場合は10万円以下の過料が課されます）。

預貯金や株式の相続についての金融機関の取り扱いは必ずしも統一されていません。上述の遺産分割協議書と印鑑証明書によって名義変更・解約・払戻しは可能なはずですが、相続人全員による死亡届・相続届・相続人代表者の届出など独自形式による書類提出を求める金融機関もあります。したがって、あらかじめ金融機関に手続を確認するか、遺産分割協議書中に全相続人の手続協力義務を記載することを勧めます。

なお、遺産分割協議書の作成後に新たな相続財産が見つかった場合に備え、遺産分割協議書中に「本書記載の遺産以外の財産が発見された場合は○○が取得する」といった包括条項を記載しておくべきでしょう。

さいごに、遺産分割協議書を作成できても、不動産を売却するとか預金を解約して現金を分配するといった面倒な作業（遺産整理）が残ります。この遺産整理を特定の相続人に任せると、手続を放置されたり、金員を分配してもらえないことがあるので、遺産分割協議書には遺産整理の方法も記載しておくべきです。

そして、以上のような種々のリスクを回避するためには、多少の費用はかかりますが、弁護士に遺産分割協議書をチェックしてもらい、遺産整理を依頼するのが合理的ではないかと考えます。

| 設問 | 父が亡くなり、母と私を含めた３人の子が相続人になりました。相続税や母の希望も考えて、母に全部の遺産を相続してもらおうと思いますが、問題があるでしょうか。 |

| 回答 | 合理的な遺産分割に見えますが、やがて生じるお母さんの相続では多額の相続税が課税される可能性もありますし、兄弟間の対立の原因になるおそれがあります。 |

解説

１ 配偶者税額軽減の制度

　　配偶者が遺産を相続する場合には相続税額が大幅に軽減される制度（相続税法19条の２）があり、相続する遺産の評価額が１億6000万円（もしくは、遺産が多額の場合は法定相続分以下）までは相続税が課税されません。ですから、お母さんが全遺産を相続すれば、この特例によって相続税を回避または軽減できる可能性はあります。

　　しかし、お母さん固有の財産に相続によって得たお父さんの遺産が加わるので、もし、あまり時間をおかずにお母さんが亡くなられてしまったときには課税の対象となる相続財産が膨れ上がる可能性があります。

　　したがって、今回だけでなく、後に生じるお母さんの相続の際の相続税も併せてシミュレーションしておくべきであり、お母さんに相続してもらえば節税になるという単純なものではありません。

２ 問題を先送りしないこと

　　高齢になって配偶者に先立たれると生活のバランスが崩れ、一気に不安が押し寄せてきますから、残されたお母さんが遺産を承継したいという気持ちになるのは自然です。また、子たちの方も、お父さんの相続で遺産をもらいたい気持ちもあるけれど、お母さんへの遠慮があり、また、将来のお母さんの相続の際に遺産をもらえればいいと考えがちです。しかし、このような相続には、以下のリスクがあります。

　　まず、お父さんの相続で何も取得しなかった子たちには、「父の時は我

慢したのだから、母の相続ではしっかり遺産をもらいたい」という気持ち
が芽生えます。

　つぎに、お父さんの相続では遺産の確認などを含む十分な話し合いをし
ていないので、当時、どのような遺産があったのか明らかになっていない
ことが多く、これは、お母さんの相続において、「もっと遺産があったの
ではないか」、「誰かに贈与したのではないか」という疑い（使途不明金や
特別受益）を生む素地になります。

　さらに、お父さんの相続の際には元気だったお母さんが、健康を損なっ
て自立できなくなると、介護の問題に直面します。とくに在宅介護の場合
には、介護をした子とそうでない子の間で相続に対する期待のすれ違いを
生みます。そして、お母さんの存命中に子たちの対立が高じれば、親の取
り合い、遺言の書かせ合い、相続紛争の前哨戦としての後見申立てなどを
引き起こしてしまう怖れもあります。

　以上からすると、ご両親の片方が先に亡くなられた場合でも、子たちに
それなりの遺産を相続させておいた方がよいでしょう。

3　配偶者居住権の活用

　お父さんの相続後、お母さんは、自宅に住み続けることについて不安が
あるかもしれませんが、近時の民法改正（令和2年4月1日施行）で配偶
者居住権（民法1028条以下）の制度が設けられましたので（☞テーマ14）、
この制度を説明すれば、お母さんに安心いただけるのではないかと思いま
す。

4　将来を考えて、納得のいく話し合いを

　お父さんのすべての遺産をお母さんに相続してもらうというのは美談に
聞こえますが、弁護士から見ると問題の先送りとなることが多いです。お
母さんの将来設計（QOL）を考え、かつ、将来において生じるお母さん
の相続を円滑に行うためにも、お父さんがお亡くなりになった今こそ、次
世代を担う子たちが集まって、きちんと話し合いをしておくべきでしょう。

設問
> 先日、父が広島市で亡くなりました。高齢の母は福岡市の施設、兄は神戸市、私は大阪市に住んでいます。遺産分割調停は広島家庭裁判所に申立てるのでしょうか。

回答
> 遺産分割調停は、相手方となる相続人（母・兄）の住所地を管轄する家庭裁判所に申し立てます。この件では、福岡家庭裁判所または神戸家庭裁判所に申し立てることができます。

解説

I　遺産分割調停の管轄

　遺産分割について相続人間で遺産分割の協議がまとまらないときは、ほかの相続人全員を相手方として、家庭裁判所に遺産分割調停を申し立てます。その場合に遺産分割調停の申立を行うべき家庭裁判所は、相手方の住所地を管轄する家庭裁判所または当事者が合意で定める家庭裁判所です（家事事件手続法245条第 I 項）。逆に、被相続人の最後の住所地の家庭裁判所や申立人の住所地の家庭裁判所には管轄がありません。

　本件ですと、相手方はお母さんとお兄さんですから、お母さんの住所地を管轄とする福岡家庭裁判所またはお兄さんの住所地を管轄とする神戸家庭裁判所に申し立てることになり、そのどちらに調停を申し立ててもかまいません。また、相続人全員の合意があるなら、これ以外の家庭裁判所（たとえば、広島家庭裁判所や大阪家庭裁判所）に調停を申し立てることも可能です。ただ、調停には原則として本人の出頭が必要なので、ご高齢のお母さんの利便を考えると福岡家庭裁判所が妥当かもしれません。

2　遺産分割審判の管轄

　さて、法律上は遺産分割調停を経ずに審判を申し立てることも可能です。遺産分割審判とは、話し合いによる解決を目指す調停とは異なり、裁判官が当事者から提出された証拠や主張等に基づいて判断を行う手続で（☞**テーマ10**）、その場合の管轄は相続が開始した地すなわち被相続人の住所地を管轄とする家庭裁判所（本件では広島家庭裁判所）です（家事事件手

続法191条、民法883条）。

　しかし、いきなり遺産分割審判を申し立てても、まずはじめに相続人が話し合う場を設けるべきだとして、裁判所の職権で調停手続に付される（家事事件手続法274条１項）可能性が高く、さらに、相手方の住所地を管轄する裁判所に移送されることも少なくありません（同法９条）。したがって、やはりはじめから遺産分割調停を申し立てることをお勧めします。

3　遺産分割調停を申し立てる際の注意

　遺産分割調停の申立てにあたっては、申立書に、被相続人の相続人を確定するための戸籍等の資料、遺産の内容を示す遺産目録、不動産の全部事項証明書や銀行口座の残高証明書などの資料を添付します。申立書の書き方や添付資料の内訳は各家庭裁判所のホームページで確認し、疑問があれば、その裁判所に直接問い合わせて下さい。

　つぎに、高齢のお母さんが認知症で要介護状態などの場合には、調停を開いてもご自身の権利を主張することができないので、調停開始前に、家庭裁判所から後見開始の申立てを求められることがあります（民法第７条）。このような場合には特別代理人の選任（家事事件手続法19条）という方法もありますが、家庭裁判所は後見的見地から後見人の選任を求めるようです。

　本件の設例は比較的簡単なものですが、事案によっては、数名から十人以上の相続人を相手方にしなければならないことがあります。そのような場合には、遺産分割調停の申立てに先立って相続人間で協議し、相続分の譲渡や相続分の放棄、相続の放棄などを行って当事者の人数を減らしておくべきです。もちろん、このように複雑な権利関係になる場合には、弁護士に相談いただくことをお勧めします。

設問
兄との協議がまとまらず、自分で亡母の遺産分割調停を申し立てましたが、調停委員は兄の味方ばかりして私の言い分を真剣に聞いてくれません。どうすればよいでしょうか。

回答
あなたの主張を裏付ける客観的な資料（金融機関の取引履歴等）とともに、あなたの言い分を書面にして裁判所に提出しましょう。それでも埒が明かないなら、早めに弁護士に依頼して下さい。

解　説

Ｉ　遺産分割調停の進行

　まず、遺産分割調停の仕組みについてご説明します。

　遺産分割調停は調停委員会によって主宰され、その調停委員会は、裁判官（または５年以上の経験がある弁護士の中から任命された家事調停官）１名と２名以上の家事調停委員で構成されます。また、家事調停委員は必ずしも法律の専門家が選ばれているわけではなく、一般市民の感覚を反映させるために、社会生活上の知識経験や専門的な知識を持つ人の中から選ばれています。

　実際の調停期日では当事者双方を裁判所に呼び出し、（裁判官と評議のうえ）調停委員２名が交互に事情を伺いながら遺産分割の合意に向けてあっせんを行うという流れで進みます。そして、遺産分割調停は、合意できれば調停成立として終了し、調停がまとまらなければ遺産分割審判手続に移行します（☞**テーマ10**）。

２　調停委員の姿勢について

　遺産分割調停に関して「調停委員が相手方の味方ばかりする」という話は、よく聞きます。

　たしかに、遺産分割調停に限らず、調停は話合いによる合意を目的としていますから、調停委員が、説得しやすいように見える当事者に譲歩を求めることもあるでしょう。それに、調停途中から弁護士が代理人として出席すると、調停委員の態度が急変することもあります。

しかし、仮に調停委員が「相手方は〇〇と言っています」と説明したとしても、それは、調停委員が相手方の言い分を認めたとか信用したということではなく、あくまで対立点についての双方の言い分を正確に把握して妥協点を探ろうとしているにすぎません。また、調停委員は当事者を公平に扱うことを含めた専門的な研修を修了し、個別案件でも事前に裁判官と打ち合わせをしています。したがって、調停委員の言葉の端々を気にして、調停委員会が相手方の味方ではないかと心配する必要はありません。

3 法的な整理の大切さ

もちろん、上述のように調停委員の多くは法律の専門家ではありませんし、それは当事者も同じです。ですから、前提問題や、特別受益、寄与分など（☞テーマ26、28）の法的整理が十分でなく、ときに感情的になったりして、調停の進行が混乱することもあります。

こうした場合には、調停委員会が求める資料を添え、ご自身の言い分を主張書面として家庭裁判所に提出することをお勧めします。書面にすることで冷静に自分の考えを整理できますし、調停委員や裁判官にも理解してもらいやすくなるからです。

なお、多くの調停委員は非常勤で1週間に一度程度しか裁判所に来ません（その際に記録を閲覧します）。したがって、調停委員に事前に書面を検討してもらうため、次回調停期日の1週間前には書面や資料を提出して下さい。この期限を守ることで、調停委員会に好印象を与えることができるかもしれません。

4 遺産分割調停に関する統計

令和3年度司法統計によると、年間約1万4000件の遺産分割調停事件が申し立てられ、調停期日は4〜7回程度、申立から1年程度で約1万件の調停が成立しているようです（調停成立には当事者全員が裁判所に出頭できない場合の「調停に代わる審判」を含みます）。また、約1万4000件のうち約1万1000件（約8割）では弁護士が遺産分割調停の代理人を務めています。

遺産分割事件は難解な法律的な争点を含みますので、手に負えないと感じた場合には、手遅れにならないうちに弁護士に依頼することをお勧めします。

> 設問
>
> 母が亡くなりましたが、母と同居していた兄は遺産の内容をまったく教えてくれません。家庭裁判所に遺産分割調停を申し立てれば、裁判所が遺産を調査して明らかにしてくれるのでしょうか。

> 回答
>
> 遺産分割調停を申し立てても裁判所や調停委員会は積極的に遺産を調査してくれないので、ご自身で調査していただく必要があります。

解説

1 調停手続の当事者主義的運用

　一般に、家庭裁判所における家事調停は、裁判官 1 人と家事調停委員 2 人で構成される調停委員会が行います（☞**テーマ 8**）。その調停委員会は、法律上、「職権で事実の調査をし、かつ、申立てにより又は職権で、必要と認める証拠調べをしなければならない。」（家事事件手続法260条 1 項 6 号、56条 1 項）とされてはいますが、実際には裁判所の人員が限られている等の理由から、事実の調査をしてくれることは稀です。

　とりわけ、遺産分割調停は基本的には財産上の紛争で公益性が高いとはいえませんし、そうであれば手続の進行や資料収集は、本来、当事者に委ねるべきですので、調停委員会が実際に遺産の調査に乗り出すということは期待できないと思ってください（これは「調停手続の当事者主義的運用」といわれています）。

　したがって、あなた自身がお母さんの遺産を調査しておくべきですし、調査を尽くしても解明できない財産については、調停委員からお兄さんに対し開示するよう説得してもらうという方法を採ることになります。

2 遺産の調査方法

　そこで、あなたがお母さんの遺産を調査する方法を簡単に説明します。

(1) 不動産・・・あなたが知っているお母さん名義の不動産（遺産）については、法務局で全部事項証明書、市役所等で固定資産税評価証明書を入手して下さい。また、土地については国税庁のホームページで該当不

動産の路線価を確認しておくことを勧めます。

　　もっとも、あなたが把握していない不動産があるかもしれません。市役所等の固定資産税課では所有者ごとに課税する不動産の一覧表（名寄帳）を作成していますので、お母さんが最後に住んでいた住所地、そして、昔の住所地やお母さんの実家がある市役所などからも名寄帳を取り寄せることで、お母さん名義の不動産（遺産）をほぼ漏れなく把握できると思われます。

⑵　金融資産・・・お母さんの預貯金や株式等の金融資産（遺産）については、銀行や証券会社から相続時の残高証明書や取引履歴を取得することができます。お母さんが利用していた金融機関がわからなければ、お母さんの住所地の近くに支店があった都市銀行・地方銀行・ゆうちょ銀行などに直接出向いて、お母さん名義の預金等の有無を照会して下さい。

　　なお、前述の固定資産税評価証明書、名寄帳、残高証明書や取引履歴等を取得する際には、戸籍謄本等によって、お母さんの相続開始とあなたが相続人であることを証明する必要があります。

⑶　動産類・・・お母さんの貴金属、着物、美術品などの動産類やタンス預金については調査の方法がありません。記憶に基づいて指摘し、お兄さんから開示してもらわなければ発見することは困難でしょう。

⑷　相続税申告・・・遺産が基礎控除の額を上回る場合には、遺産分割が未了でも相続税申告が必要です（☞**テーマ57**）。そこで、相続税申告を理由として、お兄さんが税務署に提出し、または提出しようとしている相続税申告書の写しをもらうことができれば、これによって遺産の内容が判明するかもしれません。また、相続人全員が同じ税理士に相続税申告を頼んだ場合も、同じ効果が期待できるでしょう。

3　調査の対象

　　遺産分割の対象は、厳密にいえば、現に存在し、かつ分割対象となる遺産に限られますが、遺産分割調停は話し合いですから、相続開始前の出金（特別受益・使途不明金）などが焦点になることも少なくありません（☞**テーマ21、26**）。そこで、遺産分割調停の前に、過去にさかのぼって被相続人の財産状況を広く調査するべきですし、ご自身では難しいと感じられるなら弁護士に依頼されるのが早道でしょう。

設問 遺産分割調停で調停案が提示されましたが、これを拒否して審判になったらどうなりますか。審判は調停とどこが違うのでしょう。

回答 調停と審判は、似て非なるものです。とくに、審判と調停では、遺産分割の対象、相続分の扱い、分割方法に関して大きな違いがありますので、きちんと理解して、予想外の不利益を被らないようしましょう。

解説

l 調停と審判の関係

遺産分割調停が不成立となった場合には、自動的に（特に申立等行わなくても）遺産分割審判に移行します。

遺産分割調停は、調停委員会が当事者双方から事情を尋ねたり意見を聴いたりして、双方が納得の上で問題を解決できるよう助言しあっせんを図る手続です。つまり、当事者が合意さえすれば柔軟な解決を図ることも可能です。

これに対して、遺産分割審判では、当事者の妥協は期待できないため、裁判官が遺産分割方法を決定します。そして、「遺産に属する物又は権利の種類および性質、各相続人の年齢、職業、心身の状態および生活の状況その他一切の事情を考慮して」遺産分割方法を決めると定められているので（民法906条）、調停のように柔軟に解決することはできません。具体的には、以下に述べる差があります。

2 調停と審判の相違点

(1) 遺産分割の対象

遺産分割の対象は、遺産分割時に存在し、共有状態にある遺産に限られますが（☞**テーマ9**）、遺産分割調停では、相続人全員の同意によって、それ以外の遺産や相続債務も遺産分割の対象とすることができます。

これに対して、遺産分割審判では、上述の原則どおりの遺産だけが対

象となり、①遺産分割時に存在しない遺産（たとえば使途不明金）、②共有状態にない遺産（法定相続分に応じて当然に分割される金銭債権。預貯金以外の金銭債権など）、③借入金等の相続債務、は審判対象となりません。

(2)　相続分

　つぎに、遺産分割調停では、当事者が了解すれば、特別受益や寄与分による調整を行った後の具体的相続分（☞テーマ2）と異なる遺産分割も可能ですが、遺産分割審判の場合には、具体的相続分に則した共同相続人間の均衡を考慮して分割されなければならないとされています。

(3)　遺産分割方法

　たとえば、不動産等の遺産分割方法としては、①現物分割（分筆する等して遺産を複数の相続人間で物理的に分ける方法）、②換価分割（遺産を売却して代金を相続人間で分ける方法）、③代償分割（現物を得た相続人が他の相続人に金銭で賠償する方法）の3通りがあり、調停では、相続人の合意によって、いずれの分割方法を採ることも可能です（なお、上記以外に相続人が共有状態を維持する「共有分割」との分類もありますが、本書では、これは現物分割の一形態とさせていただきます）。

　これに対して、遺産分割審判では、現物分割が原則とされ（昭和30年5月31日最高裁判決）、換価分割は裁判所が「必要があると認めるとき」（家事事件手続法194条1項）、代償分割は裁判所が「特別の事情があると認めるとき」（同法195条）にのみ行うことができるとされ、遺産分割調停に比べると柔軟性がありません。

　したがって、調停から審判に移行する場合には、それまでの調停の経緯や証拠などから、裁判所がどのような審判を下す可能性が高いのかを予測しておく必要があります。

3　審判への心構え

　提示された調停案は調停委員会の構成員である裁判官の考えを反映していますし、その裁判官が審判を下す可能性もあります。したがって、調停案を拒否するなら、あらたに、かなり説得的な主張と証拠が必要になるでしょう。その意味でも、一度、弁護士に相談されることをお勧めします。

> 設問
>
> 母が亡くなってから父の物忘れがひどくなってきました。弟は遠くに住んでいるので、長女の私が生家に帰って父の面倒をみるつもりです。こんな場合、何か気を付けておくことはあるでしょうか。

> 回答
>
> 今後、お父様の介護の負担は増していくでしょうし、弟さんからお父さんの財産を着服したと疑われる怖れもあります。弟さんとよく話し合い、同居後もお父さんの財産を別に管理するなどの工夫が必要です。

解説

I　介護の負担

　相談者はお父さんと同居して面倒をみるつもりとのことですが、今後、加齢や病気に伴ってお父さんが自立できなくなってきたときに、家族が入浴、食事、排せつなどのすべてを日常的に介助するのは、とても大変です。また、お父さんの認知症が進行し、徘徊、せん妄、暴言、暴行、奇行などがエスカレートしてくると、家族の負担は限界を超えてしまいます。

　そうした場合に備え、まず要介護認定を受け、ケアプランに従って、訪問介護、デイサービス、ショートステイなどを利用して下さい。また、親子が共倒れにならないよう、家族による介護が限度を超える場合には、在宅介護をあきらめて、高齢者施設への入所を検討いただく方がよいかと思います。

　もっとも、離れて暮らす親族（この場合は弟さん）には、このような状況はわからないのが通常です。

　そこで、同居を始めるに当たっては事前に弟さんに相談し、また、同居後も頻繁に連絡をとり要介護認定の結果やお父さんの日常生活の様子を報告し、お父さんを取り巻く状況を理解してもらいましょう。また、施設入所の際も、入所の必要性や施設の選定について弟さんの意見を聞くべきです。そして、できることなら、たまには弟さんに介護してもらったり、介護や施設に要する費用の一部を負担してもらうべきでしょう。

　こうしておけば、お父さんに万一のことがあっても、深刻な相続紛争となるのを避けることができます。

2　お父さんの財産の管理

　一般に、同居して親を介護する子は、親の面倒を見るのに必要な費用一切を親の財布から出すのは当然だという感覚でいるため、親のお金と自分のお金の区別が曖昧になりがちです。一方で、同居していない子は親の生活状態を把握していないため、「同居している子は住居費を倹約することができ、さらに、その家族の生活費なども親の年金等の財産から際限なく支出しているのではないか」と疑念を抱くかもしれません。

　設問の例でも、お父さん自身が銀行に出向くことができなくなり、相談者が預貯金通帳、印鑑、カードなどを預かって日常的にお父さんの財産を管理しなければならなくなる事態が予想されますが、そんなときに、お父さんが弟さんに「お金がない」「通帳がない」と愚痴を言ったりすると（同情を引くため、または、勘違いであるとも少なくないのですが）、相談者が、弟さんから、お父さんの財産を遣っていると疑われてしまいます。

　このような誤解を避けるためには、お父さんの財産と相談者の財産を別々に管理することが必要です。具体的には、お父さんの預貯金口座から出金する場合は振込を原則として振込伝票を手元に残し、現金で出金する場合は通帳に使途を書き込んだうえ、領収証やお父さんから指示されたメモを残しておきましょう。もちろん、お父さんの財産について、独立した家計簿や出納帳を作成することも有益です。お父さんの財産を個別にきちんと管理しておけば、弟さんから、お父さんの財産を勝手に遣ったと誤解されることもなくなるでしょう。

　なお、お父さんが自分の意思を表明できなくなった場合には、成年後見等の申立てを検討して下さい。

3　遺言の作成

　さて、お父さんが世話をしてくれた相談者への感謝を表すため、格別に財産を贈与してくれる場合（生前贈与）は、お父さんの相続において特別受益として相続分が減額されないよう、お父さんに持ち戻し免除の書面を作成してもらってください（☞テーマ26）。

　また、お父さんが「相続の際には格別に財産を与えたい」と言ってくれるなら、遺言能力があるうちに遺言書を作成してもらうべきです。遺言書を作成してもらう場合には、弟さんの理解を得るため、付言事項として、相談者の介護に対する感謝の気持ちを記載してもらうことをお勧めします。

テーマ | 12　不動産の遺産分割方法

> **設問**　同居していた母が遺言を残さずに亡くなり、私と弟が相続人になりました。母の遺産は自宅（土地建物）以外にほとんどありません。できれば自宅を相続したいのですが、難しいでしょうか。

> **回答**　弟が自宅を無償で譲ることに合意してくれれば問題ありませんが、そうでなければ、遺産分割協議の中で、あなたから弟にある程度の代償金を払うので自宅を相続したいと提案するべきでしょう。ただ、最終的には、自宅を売却せざるを得なくなる可能性があります。

解　説

1　遺産分割方法

設問の例では遺言がないので、相続人である相談者と弟さんは、遺産分割協議により、その協議がまとまらない場合は遺産分割調停または審判によって遺産を分割することになります。

不動産の分割方法としては、共有状態を含む現物分割、代償分割、換価分割の方法があり、遺産分割協議や調停で合意するならどの方法でもかまいませんが、遺産分割審判では遺産の現物分割が原則とされ、特別の事情がある場合には代償分割が、必要がある場合には換価分割が命じられることもあります（家事事件手続法194条、195条）。

2　現物分割

現物分割とは、遺産をそのままの形で分割する方法です。

設問の場合では、①相談者と弟さんが自宅の土地と建物を別々に取得する、②土地を分筆して相談者が建物と敷地を、弟さんがそれ以外の土地を取得する、③土地建物全体を持分1／2ずつの共有として取得する（共有分割）などの方法がこれにあたります。しかし、土地が広くなければ②の方法を取ることはできませんし、土地と建物を別々に相続するという①の方法や全体を共有名義にするという③の方法では、後々、相談者と弟さんの間でトラブルを生じるおそれが残ります。したがって、自宅不動産以外に遺産がないという設問の例では、現物分割は現実的ではありません。

3 代償分割

　代償分割とは、遺産の現物を取得した者が、その代わりに他の相続人にその評価額に相当する金銭（代償金）を負担する方法です。この方法によれば、あなたが自宅を取得し、その評価額の2分の1の代償金を弟さんに支払うことで相談者の希望が叶うかもしれません。

　ただし、相談者は代償金を用意しなければなりません。相談者の手元に現金がないなら代償金の減額や分割払いの方法も考えられますが、弟さんの同意が必要です。また、自宅不動産の評価額は、路線価、公示価格、固定資産評価額、取引事例などを参考にして協議で決めますが、評価額の問題が紛糾して合意に至らないことも少なくありません。

　こうして、遺産分割調停が不成立となり審判になった場合でも、裁判所は、相談者がお母さんの自宅不動産に住んでいるといった特別の事情を考えて代償分割を検討してくれる可能性はあります。ただ、代償金の額については、裁判所が選んだ不動産鑑定士による鑑定評価が必要になり、その費用負担が生じるでしょう。

4 換価分割

　換価分割とは、遺産を売却などによって換金し、その代金を相続人間で分配する方法です。

　この方法では、自宅を相続したいという相談者の希望は実現できませんが、不動産の評価は問題にならず、代償金も不要ですし、後日のトラブルも避けられます。なにより現物分割や代償分割の合意ができなければ、他に方法がありません。そして、遺産分割審判に至った場合には、否応なしに自宅の競売を命じられ、売買代金が市場価格よりも安く抑えられる可能性があります。

　したがって、遺産分割協議や調停によっても現物分割や代償分割の合意が困難で、審判でも代償分割の可能性が低いのなら、売却の時期や額についても協議できる任意売却を内容とする遺産分割案を検討するべきではないかと考えます。

設問	私たち夫婦は子には恵まれませんでしたが、とても仲良く暮らしています。ときどき私が死んだ後のことが心配になるのですが、遺言書を作成しなくても大丈夫でしょうか。

回答	配偶者以外に法定相続人がいなければ、配偶者がすべての遺産を相続します。ただ、他にも法定相続人がいるけれども配偶者にすべての遺産を相続させたいとお考えなら、ぜひ遺言書を作成して下さい。

解 説

I 配偶者以外の相続人

相談者が遺言書を作成せずに死亡された場合、その法定相続人（民法が定める相続人）は、原則として法定相続分（民法が定める相続分）にしたがって遺産を相続します。ちなみに、被相続人の配偶者は常に相続人になりますが（民法890条）、配偶者以外の親族（血族）は、以下の順位にしたがって相続人になります（☞テーマ1）。

　第一順位：子（孫、ひ孫等の直系卑属。民法887条）

　第二順位：直系尊属（両親、祖父母等先祖。民法889条）

　第三順位：兄弟姉妹（死亡している場合はその子まで。民法889条）

したがって、相談者が死亡した時点で第一順位から第三順位に該当する親族がいなければ、配偶者だけが相続人となりすべての遺産を相続できますが、配偶者以外にも相続人がいる場合には、配偶者とその相続人が共同相続人として相談者の遺産を相続することになります。

設問では相談者夫婦には子がいないとのことですから、第一順位の相続人はいないと思われますが、第二順位にあたる相談者の両親や第三順位にあたる相談者の兄弟姉妹については不明です。また、兄弟姉妹が亡くなっていたとしても、その子（甥姪。養子を含みます。）がいれば第三順位の相続人となりますので、まず、配偶者以外の相続人の有無を確認して下さい。

2　配偶者以外の相続人がいる場合の問題点

　　配偶者とそれ以外の親族が相続人となる場合、遺言がなければ、配偶者は他の相続人と遺産分割協議をして遺産の処分を決めなければなりません。たとえば、預貯金も遺産分割の対象となりますので（平成28年12月19日最高裁決定）、当面の生活費や葬儀費用に要する程度の出金（909条の2）を除き、相続人全員が合意しなければ、預貯金の解約や払い戻しはできません。

　　しかし、相談者が他界されたときに両親や兄弟姉妹などの法定相続人も高齢になっていれば認知症が進んでいるかもしれません。また、両親も兄弟姉妹も亡くなっていて甥や姪が第三順位の相続人となる場合には、甥や姪の連絡先さえわからないような場合も考えられます。そのような場合には、遺産分割協議を成立させることはかなりの困難を伴います。また、その甥や姪との関係が疎遠であれば、遺産の評価などの問題が生じて協議が整わず、遺産分割調停等、裁判所を利用した手続が必要になる可能性もあります。

3　遺言書の作成

　　以上からすると、相談者が、相続開始の場合に配偶者にすべての遺産を相続させたいと希望されるのであれば、必ず、配偶者に全財産を相続させる旨の遺言書を作成してください。また、兄弟姉妹や甥、姪にいくらか相続させたいと考える場合でも、上述のような混乱を避けるために、ぜひ遺言書を書くことをお勧めします。

　　なお、遺言を作成される場合には遺留分侵害に注意するべきです（☞テーマ48）。兄弟姉妹または甥、姪が第三順位の相続人となる場合には、その相続人には遺留分がありませんので（民法1042条）、配偶者にすべての遺産を相続させても遺留分侵害の問題は生じません。一方、第二順位の相続人であるご両親等には遺留分がありますので、可能であれば、家庭裁判所の許可を得てご両親に事前に遺留分を放棄してもらっておけば、配偶者が、ご両親から遺留分侵害請求を受けるリスクはなくなります。

　　最後に、相談者と配偶者のどちらが先に他界されるかはわかりません。ですから、設問のケースでは、夫婦双方について相続人を確認し、別々に遺言書を作成されておくことをお勧めします。

> 設問
>
> 夫の財産は自宅不動産くらいしかありません。夫の死後、私と娘が相続で争うことになると、私は自宅に住めなくなってしまうのでしょうか。私に配偶者居住権という権利はあるのでしょうか。

> 回答
>
> 自宅を生前贈与してもらう、相談者に自宅不動産を相続させる旨の遺言書を夫に書いてもらう、相談者に配偶者居住権を「遺贈」する旨の遺言書を作成してもらうなどの方法があります。

解説

Ⅰ　生前贈与または遺贈による自宅不動産の取得

　相談者が夫から生前に自宅不動産（以下、「自宅」といいます）を贈与してもらうか、自宅を相続させる（または遺贈する）旨の遺言を夫に作成してもらえば、相談者は自宅の所有権を得ることができます。

　また、婚姻期間20年以上の場合、夫婦の一方である被相続人が、その配偶者に対して居住用不動産を遺贈または贈与したときは、持戻し免除の意思表示があったものと推定されますので（民法903条4項）、夫の死後、自宅は遺産分割の対象にはならず、相談者は配偶者の死後も自宅に住み続けることができそうです。

　しかし、設問では、自宅以外にさしたる財産がないので、相談者は娘さんから遺留分侵害額請求を受ける可能性があります。そして、遺留分侵害額請求では、遺贈や10年以内に生前贈与した財産が基礎となるため（民法1044条3項。なお、持戻免除があっても遺留分侵害額請求の基礎財産となります）、相談者は娘さんに対して侵害額に相当する金銭を支払わなければなりません。そして、そのために自宅を売却せざるを得なくなるなら、結局、自宅に住み続けたいという相談者の希望を満たすことができません。

2　配偶者居住権

　「配偶者居住権」とは、相続開始時に、被相続人の配偶者が相続財産である建物に居住していることを要件として、配偶者が、居住建物に、終身または比較的長期の間、無償で居住し続けることができる権利です（民法

1028条、1030条)。ただし、これが認められるためには、配偶者居住権が、①遺産分割で認められるか、②遺贈の目的とされているか、③家庭裁判所の審判によるかのいずれかの方法によることが必要です。

　そして、①と③は相続開始後の方法ですが、②は遺言で定めることができますから、相談者としては、配偶者（夫）に、「自宅不動産は娘に相続させるが、相談者に対しては配偶者居住権を遺贈する」旨の遺言書を作成してもらうべきでしょう。ただし、配偶者居住権の設定は「相続させる」ではなく「遺贈」でなければならない点に注意して下さい。

　こうしておけば、相談者は配偶者居住権の財産的価値に相当する価額を相続し、娘さんは自宅不動産の価値から配偶者居住権の財産的価値を差し引いた価額を相続したことになりますので（配偶者居住権の価額の算定方法は確立していませんが、官公庁や公的団体の評価方法は公表されています。）、遺留分侵害の事態をうまく回避することができるはずです。

3　遺産分割協議等が成立する前の配偶者の居住権（配偶者短期居住権）

　「配偶者短期居住権」とは、やはり相続開始時に配偶者が相続財産である建物に居住していることを要件として、遺産分割などにより居住建物の所有者が確定するまでの間（遺産分割が成立した場合は原則としてその日から6か月間、遺贈等で所有者が確定した場合には所有者からの消滅申し入れから6か月間）、配偶者が無償で自宅不動産に居住することができるという権利です（民法1037条）。

　この配偶者短期居住権は、上述の配偶者居住権とは異なり、遺言書や遺産分割とは関係なく、自動的に成立します。したがって、相談者は、いきなり自宅不動産からの退去を求められることはなく、明渡しまでの準備期間を与えられることになります。

4　弁護士への相談

　配偶者居住権と配偶者短期居住権は、いずれも平成30年の民法改正によって創設された新しい制度で、まだ十分に浸透しているとはいえません。設問のようなご心配があるなら、まず弁護士にご相談下さい。

> 設問
> 私と夫は夫婦として40年間暮らしてきましたが、入籍しておらず、子もいません。夫の両親は他界しましたが、夫には兄がいます。もし夫が死亡すると、私は夫の遺産を相続できますか。

> 回答
> 内縁関係のご夫婦の場合、片方は他方の相続人にはなりませんので、相談者が相手の遺産を相続することはできません。今後のことを考えて、互いに遺言書を作成するなどの工夫が必要です。

解説

Ⅰ　内縁の妻・夫の地位

　入籍した法律上の夫婦であれば、配偶者は常に法定相続人になりますから、法定相続分について遺産を相続できます。かりに、法定相続人が配偶者と兄弟姉妹であれば、配偶者の法定相続分は4分の3です。

　一方、設問のように入籍していない内縁関係の夫婦の場合には、法律上は夫婦として扱われませんので、一方が死亡した場合には、残された内縁の妻または夫は、法定相続人として遺産を相続することはできません。遺言書がなければ、法定相続人であるお兄さんが唯一の相続人となり、お兄さんがすべての遺産を取得することになります。また、配偶者に認められる権利（☞**テーマ14**）も、内縁の妻や夫には認められません。

2　内縁の妻・夫が相手の遺産を取得する方法（生前の準備）

　相談者が内縁の夫の遺産を相続するためには、入籍することがもっとも確実かつ簡便な方法です。

　ただ、なにか入籍できない（またはしたくない）事情がある場合もあるでしょう。その場合には、次善の方法として、内縁の夫に遺言書を作成してもらってください。たとえば、「すべての遺産を相談者に遺贈する」といった簡易なものでも問題はありません。ただ、遺族間の紛争を防止するためには、弁護士に相談し、遺言内容を吟味し、遺言執行者を決めるなど、万全な内容にしておくことをお勧めします。設問では、内縁の夫にお兄さんがいるとのことですが、兄弟姉妹に遺留分はないので、遺留分を気にさ

れる必要はありません。

　つぎに、内縁の夫が遺言書の作成に前向きでない場合には、今のうちに、財産を生前贈与してもらう方が現実的かもしれません。とくに、自宅不動産を内縁の夫の名義のまま放置していると、内縁の夫が死亡した場合に、相続人であるお兄さんから立退きを迫られたり、賃料を請求されたりして生活を脅かされる怖れがありますので、生前贈与は有効です。ただ、生前贈与には贈与税が課される可能性がありますので、税理士にもご相談下さい。

3　特別縁故者による財産分与の申立

　設例で、内縁の夫が死亡する前にお兄さん及びその子が死亡していた場合には、内縁の夫には法定相続人がいません。その場合、内縁の夫の遺産は相続財産清算人が管理することになり、最終的には、内縁の妻だった相談者が特別縁故者として遺産の全部または一部を受け取ることができるかもしれません（☞テーマ33）。

4　遺族年金・死亡退職金の受領について

　内縁の夫が死亡した場合に遺族に支給される遺族年金や死亡退職金は、籍を入れず、遺言がなくても受け取れる場合があります。

　たとえば、遺族年金の受給資格を有する「配偶者」の概念には内縁関係の配偶者も含まれます。

　また、内縁の夫の勤務先企業から死亡退職金が支給される場合、勤務先企業の就業規則等の定めによっては、生計を同一にする者等が対象になることがありますので、内縁の夫の勤務先の企業の人事課や総務課等で確認してもらって下さい。

5　「そのうち、ちゃんとするから」

　以上のように、内縁の夫の遺産を相続するための最善の方法は入籍することですが、入籍しない場合でも、内縁の夫に遺言書を書いてもらうか、財産を生前贈与してもらえれば、内縁の夫に万一のことがあった場合でも相談者の生活を守ることができます。しかし、現実には「そのうち、ちゃんとするから」と言って放置されているケースが少なくありません。そのまま時間が過ぎ、高齢になって認知症が進むなどした場合には、遺言書の作成や生前贈与もできなくなりますから、早急に対応してもらうことをお勧めします。

> 設問
>
> 私は15年前に前妻と離婚し、10年前に再婚しました。前妻との間に息子が一人いますが、今の妻との間には子はいません。私が死んだら、誰が私の遺産を相続するのか気になっています。今のうちに、妻のためにしておくべきことはあるでしょうか。

> 回答
>
> 相談者が亡くなった場合、法定相続人は現在の奥さんと前妻との間に生まれた息子さんですが、これは相続紛争が起きやすいパターンなので、奥さんの生活を守るためにも、遺言書の作成を勧めます。

解説

1 再婚した場合の法定相続人

まず、「配偶者」として相続人となるのは死亡時における配偶者のみで、前妻は相続人にあたりません。設問では、相談者の法定相続人は奥さんと前妻の息子さんになります（以下、「配偶者」、「長男」と呼びます）。

したがって、相談者が遺言書を作成せずに亡くなった場合、法定相続人である配偶者と長男が、相談者の遺産の分配について遺産分割協議をすることになります。

2 配偶者と長男の紛争の種

遺産分割協議は、相続人が話し合って遺産の処分を決める手続ですが、もともと相続人同士の仲が良くないと紛糾しがちです。

もしかしたら、長男は、相談者が母と離婚して別の女性と再婚したことで、人知れず苦労しているかもしれません。離婚の理由や経緯は人それぞれですが、配偶者の存在が前妻との離婚原因になっていたような場合には、長男が、相談者や配偶者に対して恨みを持っている可能性もあります。また、離婚と再婚の間に因果関係がなくても、相談者がかなり高齢になってから配偶者と再婚した場合、長男は、配偶者が相談者の財産目当てで婚姻したと疑っているかもしれません。

配偶者としても「私が長い間老後のお世話をした」など、それなりの言い分がある事も少なくないと思われますが、いったん生まれた感情は簡単

には消えません。

　相談者が元気な間は、配偶者と長男の接点は少ないのが通常でしょうし、また、互いに気を遣うでしょうから、配偶者と長男の感情的な対立はあまり表面化しないでしょう。しかし、相談者の死亡後、遺産分割協議などを契機として、抑えてきた過去の不満が一気に爆発し、深刻な紛争に発展する恐れは十分にあります。

3　遺言の必要性

　相談者の死亡後に生じ得る深刻な相続紛争を予防するため、相談者には遺言書を作成しておくことをお勧めします。遺言書の作成は、配偶者のためだけでなく、長男のためでもあります。なお、配偶者にも長男にも遺留分がありますから、どちらの遺留分も侵害しないよう、双方に配慮した内容の遺言書を作成して下さい。

4　配偶者への生前贈与の際の留意点

　さて、相談者のように再婚した方の中には、自宅等の不動産や定期預金や株式等を配偶者に名義変更しておく方がおられます。前妻の子らと配偶者の相続紛争を懸念し、自分の死後も配偶者の生活を守るために配慮しているのかもしれません。

　しかし、不動産の名義変更は不動産登記を見れば明らかです。また、定期預金や株式等の名義変更も、前妻の子らがその気になって調査すれば隠し通すことは困難です。そして、前妻の子らが配偶者への生前贈与の事実を知ることになると、そのほかにも生前贈与（特別受益）があったのではないかと疑うことになりかねません（☞**テーマ26**）。そうなると遺産分割協議は紛糾しますし、かりに遺言書を作成していたとしても、遺産の範囲や遺留分侵害額請求について問題が起きる可能性があります。

　したがって、相談者が、配偶者に生前贈与されるとしても、長男にはその理由等も含めてきちんと説明しておくべきですし、そうでなければ、誤解を生じないように、遺言書等で生前贈与の事実を説明していただきたいです。また、余裕があるなら、配偶者だけでなく長男にも、平等に生前贈与しておくことをお勧めします。

| 設問 | 妻に先立たれた後、私が重度障害をもつ三男の面倒をみています。三男の将来が心配なので「長男が三男の面倒を見ること」を条件として長男に全財産を相続させる遺言を書こうと思っていますが、この遺言に問題があるでしょうか。 |

| 回答 | このような遺言も有効ですが、「三男の面倒を見ること」という条件が不明確なので、具体的に定める必要があります。また、遺言以外の方法も検討してみて下さい。 |

解　説

I　条件付遺言の問題点

　民法上、意思表示に条件をつけることは可能で、遺言に条件を付することもできますが、その条件は具体的でなければなりません。

　たとえば、「子が大学に合格できれば金1000万円を子に相続させる」といった遺言（条件的遺言）があったとします。この場合、相続開始時点で大学に合格できていれば子は確定的に1000万円を相続しますが、相続開始後に大学に合格した場合に1000万円を相続できるのか否かは判然とせず、遺言者の立場に立って、その意思を解釈しなければなりません。したがって、最初から、「相続開始時点で子が大学に合格していた場合には金1000万円を子に相続させる」というように条件を具体化しておく必要があります。

　さて、設問の例では「三男の面倒を見ること」が条件とされていますが、もともと「面倒を見る」といってもその内容や程度は様々で、三男と同居して付きっきりで面倒を見なければならないのか、とりあえず働き口を探す程度でよいのかわかりません。そして、そうした曖昧さが相続紛争の種になります。

　そして、「三男の生活や財産を管理し、生活費等を支弁し、就職や施設入所の場合には身元引受人、保証人となるなどして三男の面倒を見ること」といったように条件を具体化することも考えられますが、どうしても曖昧さを払拭できません。それに、設問では次男が遺留分を持ちますので、

この遺言が紛争の原因になることも考えられます。したがって、設例の場合には、相談者が判断してこうした条件付の遺言書を作成するよりも、ほかの方法を検討した方がよいと思われます。

2　信託法上の遺言信託

さて、条件付遺言以外の方法のひとつとして、信託法上の遺言信託（狭義の遺言信託）も考えられます。

信託法上の遺言信託とは、遺言によって、委託者が受託者に信託財産を預け、受託者が受益者のために一定の目的（信託目的）に従って信託財産の管理または処分等を行うという関係を創設することです（信託法第3条2号、☞テーマ51）。

これを設例に当てはめると、相談者が遺言によって、（委託者として）受託者の長男に遺産の一部を信託し、三男を受益者、信託目的を三男の介護等として、長男が信託財産（預金等）を三男の介護等に使用することを定めることができます。なお、長男の受託財産の運用を監視するため、弁護士等の信託監督人を指定することも可能です（信託法131条）。もっとも、受託者には帳簿作成など重い義務と責任が課されますから、一般的には信託銀行が受託者になりますし、その場合は受託者の報酬を負担しなければなりません。

3　成年後見・負担付遺贈

三男の将来が心配なら、生前に三男の成年後見・保佐・補助を申し立てることも検討して下さい。成年後見制度には批判もありますが、選任された後見人等は、三男の生活を適切に管理してくれるはずです。

また、遺言書を作成するなら、負担付遺贈（民法1002条）も候補となるでしょう。この場合は、遺言書において、長男への遺贈が負担付遺贈である旨を明らかにしておく必要があります。なお、負担付遺贈であれば、三男には受贈者に対する履行請求権等が認められますので（民法1027条）、ことに三男の成年後見人等が選任されている場合には、負担付遺贈の履行を確保することが期待できます。

以上のように設例ではいくつかの対策が考えられますが、いずれも難解で素人の手には負えません。三男の将来の生活に不安を感じ、かつ、相続紛争も予防したいなら、ぜひ、弁護士にご相談下さい。

> 設問
>
> 兄は5年前に事業に失敗してから一切連絡がとれず、正直生きているか死んでいるかもわかりません。このような状況で父が亡くなると、相続ではどんな問題が起きるでしょうか。

> 回答
>
> 遺産分割には全相続人の合意が必要で、行方不明の相続人を省略して遺産分割はできません。お父さんには事情を説明して、遺言書を作成してもらうべきです。

解説

Ⅰ 遺産分割協議

　遺言を残さずにお父さんが亡くなった場合、当然に分割される権利義務（賃料債権や損害賠償債権、相続債務など）を除く遺産（預貯金、株式、投資信託、不動産等）は相続人全員の共有になり、遺産分割が必要になります。もちろん、金融機関や証券会社は、遺産分割協議書や相続人代表届などによって相続人全員の同意が確認できない限り、預貯金の解約や株式売却等には応じないでしょう。また、不動産も共有のままで、管理や処分に支障を来します。

　そこで、相続人全員でどの相続人がどの遺産を取得するのかを遺産分割協議によって決める必要がありますが、一人でも相続人が欠けると遺産分割は成立しません。なお、弁護士や司法書士に依頼してお兄さんの住民票の移動を調査することはできますが、お兄さんが住民票上の住所に住んでいなければ、それ以上調査することができません。

2 不在者財産管理人

　さて、相続人に行方不明者がいる場合には、他の相続人が、家庭裁判所に対して、行方不明者の財産を管理する不在者財産管理人の選任を申し立てる方法が考えられます（民法第25条以下）。不在者財産管理人とは、「従来の住所又は居所を去り、容易に戻る見込みがない者」（不在者）に財産管理人がいない場合、不在者に代わって不在者の財産を管理する権限を有し、不在者の代理人として法律行為をすることができます。しかし、この

制度を利用するには、以下のような問題があります。

　まず、家庭裁判所に不在者財産管理人選任を申立てますが、その際には、不在者が行方不明である資料（不在を証明する書類）を提出しなければなりません。具体的には、行方不明届の受領証明書（警察署長が発行）や住民票上の住所に本人がいないことを説明する報告書などです。また、申立ての際には、裁判所に数十万円から100万円ほどの予納金を払う必要があり、この予納金が不在者財産管理人の報酬に充当されると返還されない可能性もあります。

　つぎに、裁判所に申立てをしてから裁判所が不在者財産管理人を選任し、不在者財産管理人が実際に活動を開始するまでには若干のタイムラグがあるので、急いで遺産分割をしたい場合には間に合いません。

　そして、設例の場合には、お父さんがお兄さんに事業資金など多額の援助をしていた可能性があり、そうであれば、それは特別受益としてお兄さんの相続分はないことも考えられますが（☞テーマ26）、不在者財産管理人は不在者の利益を図る立場ですから、特別受益の証明がない限り、遺産分割では法定相続分を要求するはずです。

　このように、不在者財産管理人を選任しての遺産分割は費用も時間もかかりますので、できれば避けたいところでしょう。

3　遺言の利用

　以上のような遺産分割での問題を避けるためには、お父さんに（お母さんがご存命であればお母さんにも）遺言書を作成してもらうことがもっとも効果的です。この場合、遺言書には、すべての遺産をお兄さん以外の相続人に相続させることを記載してもらいます。

　なお、その場合にはお兄さんの遺留分侵害額請求権が発生しますが、お兄さんがお父さんの相続開始と遺留分侵害の事実を知って1年間その権利を行使しないとき、または、相続開始から10年を経過したときは、お兄さんの遺留分侵害額請求権は時効によって消滅します（民法1048条）。

テーマ | 19 事業承継と相続

設問
中小企業の経営者ですが、喜寿（77歳）を機に、長男への事業承継を考えています。どのような方法をとればいいでしょうか。

回答
事業承継の法的側面から見た具体的な方法は、代表者の交代と株式譲渡が主たるものとなりますが、円滑な事業承継を実現するには十分な準備が必要です。税理士だけでなく弁護士にも早めに相談して、計画を立てて下さい。

解　説

I　事業承継の方法

　　長男に承継させるのは親族内承継の典型ですが、設問では長男の意向がわかりません。業績が好調でも後継者がなく廃業する中小企業が多いと言われていますから、長男に具体的な経営状況や経営課題を示して理解を得ることが最初の一歩です。

　　つぎに、安定した経営基盤を引き継がせるために、長男には株式の過半数にとどまらず、3分の2または全部の株式を取得させたいところです。相談者が全株式を保有しているなら、早めに長男に株式譲渡しておくべきでしょう。株式譲渡を放置して遺言も残さずに相談者が亡くなると、遺産分割が成立するまでの会社経営が不安定になりますし、遺産分割の結果次第で株式が分散する可能性もあります。

　　なお、相談者から長男への株式譲渡は、売買、無償での贈与（生前贈与）、遺言によって相続させるという三つの方法があります。売買や贈与であれば、その時点での株式価値が問題になるので、譲渡時期について税理士や公認会計士に相談して下さい。他方、遺言による方法なら相談者は亡くなるまで株式を保有できますが、具体的な譲渡時期を選択することはできませんし、高齢になった相談者が意思決定できなくなることで混乱を招いた結果、長男の意欲に水を差すかもしれません。

2 相続紛争のリスク

　複数の相続人の中から長男が選ばれて事業承継するなら相続人間の不平等が生じるので、他の相続人の理解を得ておきたいところです。また、長男への株式譲渡は、その価値次第では他の相続人の遺留分を侵害する可能性があります。平成30年の民法改正で、かつての遺留分減殺請求は遺留分侵害額請求権という金銭請求に変更されたので（民法1046条）、株式移転の効力が覆されることはありませんが、遺留分を侵害するなら、長男は相談者の相続開始後に遺留分侵害額請求に応じる資金が必要になります。

　なお、生前贈与による株式譲渡の場合には、こうした紛争に対応するために中小企業経営承継円滑化法（遺留分に関する民法の特例）による除外合意や固定合意といった方法がもうけられましたが、残念ながら、あまり活用されていません。

3 事業承継の資金等

　さて、長男が株式を適正価格で買うのなら買受資金が必要です。相談者が長男に贈与するなら贈与税が、遺言で相続させるなら相続税がかかります。このように、資金確保も重要な問題なので、様々なシミュレーションをして対応しなければならないでしょう。なお、中小企業の円滑な事業承継を支援するため、非上場株式等についての相続税及び贈与税の納税猶予制度や特例融資といった制度も設けられていますが、条件が複雑なので税理士や商工会議所などの機関に相談されることを勧めます。

　また、金融機関が後継者に連帯保証を求める可能性があり、それも事業承継の障害になります。会社の経営がある程度順調であれば、後継者の個人保証なしで融資を受けられる事業承継特別保証制度や経営承継借換関連保証制度を利用できる可能性がありますので、商工会議所の事業承継支援センター等に相談してみるべきでしょう。そのほか、後継者としては自社株の売渡請求制度や種類株式といった会社法の制度の利用も考えられます。

　以上のように、事業承継については様々な制度や複雑な問題がありますので、この問題に詳しい税理士や弁護士に早めに相談されることをお勧めします。

設問

妻は亡くなりましたが、私には同居している長男（独身）と、結婚して別居している長女がいます。私が死んだら、5000万円相当の自宅は長男に、約1000万円の預金は長女に相続させようと思いますが、銀行から借りている2000万円の負債は長男に負担させるつもりです。このような内容の遺言書を作ることはできますか。

回答

できます。ただし、そのような遺言があっても、債権者である銀行は、遺言書どおり長男に2000万円を請求するか、長男と長女に1000万円ずつ請求するかを選択できます。

解説

1 相続債務の承継

相続人は、被相続人の一身に専属するもの（扶養義務や婚姻費用分担義務等）を除き、被相続人の権利義務一切を承継します。したがって、被相続人が死亡した場合、負債も相続人に承継されることになります。また、銀行から借りている金銭債務は可分債務なので、原則として遺産分割の対象にならず、被相続人の死亡により相続が開始した時点から、法定相続分にしたがって各相続人に承継されます。つまり、設問のケースにおいて遺言書を作成しない場合には、長男と長女が各1000万円の負債を相続することになります。

ただし、負債も（消極的）相続財産ですから、遺言で、特定の相続人に対し、指定した負債を相続させる旨を定めることができます（相続分の指定。民法第902条）。そして、このような定めは、少なくとも相続人の間では有効です。

2 債権者の立場

これに対して、債権者とすれば、相続人の誰が債務を承継するのかは重要な関心事です。相続債務を承継した相続人に資力がなければ債権者は弁済を受けることができず、債権者が不測の不利益を押し付けられることになるからです。

このような事情から、法定相続分と異なる割合で特定の相続人が負債を承継する旨の遺産分割協議や遺言による相続分の指定があったとしても、債権者に対してこれを主張することはできません。つまり、遺言や遺産分割の内容にかかわらず、債権者である銀行は、長男も長女も法定相続分にしたがって各1000万円の負債を相続すると主張して同額の支払を請求でき、長女は、長男が遺産のほとんどを相続していると主張して1000万円の支払義務を免れることはできないのです。ただし、相続人間では遺言の規定が有効ですから、長女が銀行に1000万円を支払った場合には、長男に対して1000万円を求償することができます。

　なお、この扱いは債権者が不測の不利益を被らないようにするためですから、銀行は、相続分の指定による債務承継を認め、長男に2000万円全額の支払いを請求する方法を選択することも可能です。

　もっとも、そうすると銀行はいつまでも態度を明らかにしない可能性があり、相続人が不安定な立場に立たされます。したがって、相続開始後、相続人は、法定相続分と異なる相続分の指定を銀行が認めるのか確認しておくべきでしょう。

3　負担付遺贈

　なお、設問では、遺言で負担付遺贈を定める方法も考えられます（民法第1002条）。

　負担付遺贈とは、受遺者に一定の義務を負担させることを条件として財産を遺贈するもので、受遺者は遺贈を放棄することができ、その責任は遺贈の目的の価額の範囲内に限られます。負担付遺贈による債務の負担についても債権者の同意が必要であることは変わりませんが、負担付遺贈の受遺者が義務を履行しないときは、受遺者でない相続人は履行を催告することができ、それでも受遺者が負担を履行しないときは、家庭裁判所に対して遺贈の取消を請求できます（民法第1027条）。

　この方法をとるなら、2000万円の債務を負担させるかわりに自宅を長男に遺贈するという内容の遺言を作成することになりますが、その負担については具体的に義務を確定しておく必要があります。

> 母が亡くなって私と弟が相続人になりましたが、銀行の取引履歴を
> 入手したところ、過去3年間に母の預金口座から合計2000万円が出
> 金されており、その使途は不明でした。母の財産は弟が管理してい
> たので、弟が預金を着服していたとしか思えません。これから遺産
> 分割調停を申し立てますが、調停では、この出金された預金も遺産
> 分割の対象としてもらえるのでしょうか。

設問

> 弟が同意するなら生前に出金された預金も遺産分割調停の対象にで
> きますが、弟が同意しないなら調停でこの問題を取り扱うことはで
> きず、民事訴訟を検討する必要があります。

回答

解説

1 遺産分割調停・審判における使途不明金の扱い

相続人間で遺産分割の協議がまとまらなければ、家庭裁判所での遺産分
割調停・審判を利用することになりますが、遺産分割調停・審判は、「現
存し、かつ分割が必要な遺産」を分配する手続です。そして、すでに引き
出された預金は現存する遺産ではないので、基本的に遺産分割調停の対象
になりません。

もっとも、遺産分割調停は当事者間の話し合いとなりますので、弟さん
が同意すれば、調停で使途不明金の問題を取り上げることはできます。そ
こで、調停委員会が、調停の初期に、弟さんに出金に関する事情を尋ね、
遺産分割の対象とすることに同意するか否か確認してくれることもありま
す。

2 生前贈与

これに対して、弟さんが預金から出金された2000万円はお母さんから贈
与されたものだというなら、それは現存する遺産ではありませんが、法定
相続分を修正する特別受益として遺産分割調停や審判の対象となる可能性
があります（☞**テーマ26**）。なお、贈与の額が遺産に比して多額であれば、
遺留分侵害額請求が問題になるかもしれません。

3　不当利得返還請求

　　他方、弟さんが、お母さんの意思に反して2000万円の預金を出金したのなら、お母さんは弟さんに対して同額の不当利得返還請求権（または不法行為による損害賠償請求権）を有し、相談者はお母さんからその請求権の２分の１を相続します。もっとも、不当利得返還請求権は当然に法定相続分どおりに分割されるので、遺産分割調停の対象になりません。そこで、相談者が不当利得返還請求権を主張し、弟さんがそれを認めないなら、遺産分割調停ではなく、民事訴訟を提起することになります。

4　使途不明金に関する主張と反論

　　さて、現実問題としては、弟さんから、①預金の出金には関与していない（知らない）とか、②出金には関与したが、お金は母に渡した（または、母のために遣った）という反論が出ることが少なくありません。

　　しかし、①については、お母さん自らは出金手続ができず、かわりに弟さんがお母さんの預金通帳・キャッシュカード・暗証番号を常時管理していた等の事情があれば、「預金を出金したのは弟さんに違いない」と認めてもらえるはずです。もちろん出金に利用したＡＴＭの所在場所なども有力な手掛かりになるでしょう。

　　また、②についても、使途を示す領収証等の客観的資料が残っていないとか、お母さんが入退院を繰り返していて（あるいは施設入所中で）多額の現金を使える状態になかったという事情があれば、不当利得返還請求が認められる可能性が高くなります。

　　そこで、調停では、調停委員にこのような事情を説明し、調停の中で使途不明金の問題を含めて一挙解決してもらうよう働きかけることになるでしょうが、それでも弟さんが応じないなら、やはり民事訴訟でこの問題に決着をつけるしかありません。

5　弁護士への委任

　　なるべくわかりやすく説明したつもりですが、使途不明金は相続分野の中でももっとも厄介な問題のひとつで対応が難しく、調査も必要です。使途不明金の問題が予想される遺産分割であれば、調停を申し立てる前に弁護士に相談することをお勧めします。

設問

　1か月前に父が亡くなり、私と姉が相続人になりました。亡父の遺産の中には空家になった実家の土地・建物がありますが、私も姉も実家の不動産は相続したくないので、これを遺産分割から外して放置しようと考えています。問題があるでしょうか。

回答

　遺産分割せずに放置しても自宅の不動産は共有状態となり、将来、数次相続が生じます。とくに複数の相続人がいる場合だと、将来、問題は複雑になる一方ですから処分を検討すべきでしょう。

解　説

1　新たな相続の発生

　設問のケースでは相談者とお姉さんが1／2ずつの法定相続分をもつので、父名義の実家の不動産は、2人で共有していることになります。

　そして、この状態を放置したままで相続人（相談者か姉）が亡くなると、さらに相続が発生して（実務上、「数次相続」といいます）、この不動産の共有者が増えることになります。

　数次相続が発生した不動産は、売却処分などする際に、名義変更や共有者全員による同意が必要となりますが、共有者同士には交流も面識もないことが多く、さらに海外在住者や行方不明の共有者がいれば、なおさら物件の処分が難しくなります。

　したがって、相続が生じたら、早めに相続人間で遺産分割協議し、または遺産分割調停を利用して、遺産にかかる権利者を確定することが望ましいです。

2　遺産分割の放置による弊害

　さて、実務上では、明治後期から昭和中期に不動産登記簿上の所有者が死亡し、その後、数次相続が生じたはずだが、遺産分割も相続登記もされないまま放置されているという例が多く見受けられます。こうした事案では、不動産が数十人の相続人による共有状態にあることも稀でなく、相続人の確定自体がとても困難です。また、昭和22年5月2日までに相続が開

始した場合は旧民法による家督相続制度が選用され、昭和55年の民法改正により、昭和56年1月1日以降の相続について配偶者の法定相続分が拡大されたりしたので、相続人の法定相続分を確定することも容易ではありません。

　こうして生まれた所有者不明土地や管理不全土地について、国は、令和3年民法等改正により不動産の処分や管理、不動産の国庫帰属などの法整備を行いましたが、まだ十分とはいえません。不要な不動産はほしくないという気持ちはわかりますが、遺産分割を行わずに放置することは次世代に問題を先送りすることになりますので、これを機会に、処分を検討していただければと思います。

3　具体的な対策

　自宅不動産を除いた遺産分割も有効です。ただ、相続人は法定相続分の割合で遺産たる自宅不動産を共有していますので、その責任を免れることはできません。

　設問の例では、相談者とお姉さんは、自宅不動産にかかる固定資産税等の納税義務や相続登記の義務を負いますし、その不動産に基づく事故が発生した場合には建物所有者として工作物責任（民法717条）を負うこともあります。また、維持管理を怠っているうちに建物の老朽化が著しく進んで倒壊しそうになった場合には、行政からの除却命令により、相談者らの費用で強制的に建物を取り壊さなければならなくなることも考えられます。

　そこで、このような責任を負いたくないなら、相続を放棄することも考えられます（☞テーマ31）。もっとも、相続放棄すると、自宅不動産以外の遺産も相続することはできません。また、遺産の一部を処分していた場合には単純承認とみなされて、相続放棄できなくなります。

　そこで、相続放棄が難しいなら、隣家の方などに、実家の不動産を引き取っていただけないか確認してみるのも有益な方法です。また、余裕があるなら、せめて実家の建物だけでも取り壊して更地にし、そのうえで令和5年4月27日に施行された相続土地国家帰属法による国による引取りを検討していただければと思います。

設問
父の相続手続中に亡祖父名義のままの土地が残っていることがわかりました。この土地を管理したり、処分したりするには、どうしたらいいでしょう。亡父以外の祖父の相続人（叔父、叔母）もすでに他界し、その子ども（従兄弟）の中には行方のわからない方もいるので途方に暮れています。

回答
亡祖父名義の土地は、亡祖父の相続人（またはその相続人）全員が遺産分割協議をして処分を決めるのが原則です。なお、所在不明の共有者がいる不動産の管理や処分の方法については、令和3年の民法改正で新しい方法が定められています。

解説

I　数次相続

　亡祖父名義の土地については、亡祖父の相続開始時に、その相続人全員（設例では、相談者の亡父と叔父、叔母）が遺産分割協議を行って誰がその土地を相続するかを決め、相続登記を行っておくべきでした。しかし、遺産分割がまとまらなかったり、その土地の引き受け手がなかったりするなどの事情により放置されていたものと思われます。その後、亡祖父の相続人たちも亡くなったのでしょうが、このようにして相続が重なることを「数次相続」といいます。

　亡祖父名義の土地は、その相続とともにいったん亡祖父の相続人の共有となり、その相続人の死亡によって、さらに次の相続人たちの共有になります。つまり、土地の処分を先送りにしたまま数次相続が発生すると、そのたびに土地の共有者の数が増える一方で、その持分は少なくなります。

　しかし、これを放置すると利用できない土地が増えて国土が荒廃しますから、令和3年に不動産登記法が改正され、令和6年4月1日以降、相続登記等の申請が義務化されました（同法76条の2）。相談者も、あらかじめ法務局に相談するなどして、亡祖父名義の土地の相続人申告登記（同法76条の3）を検討するべきでしょう。

2　共有持分のまとめ方

　亡祖父名義の土地を活用するなら、共有者を減らして特定の相続人の単独所有とするべきでしょう。そのためには、亡祖父の相続人（亡父、叔父、叔母）の相続人である従兄弟全員が遺産分割協議をして、特定の相続人がこの土地を相続すると決める必要がありますが、一人でも行方不明の相続人（所在等不明共有者）がいると有効な遺産分割ができず、障害となります。

　しかし、令和5年4月1日以降は、被相続人が亡くなった日から10年経過している場合には裁判による共有物分割（民法258条の2、2項）や共有者による所在等不明共有者の持分取得（民法262条の2）が認められたので、これらの方法によって所在等不明共有者の持分権をまとめられるかもしれません。

3　亡祖父名義の土地の管理

　亡祖父名義の土地が放置されて荒廃しているなら管理が必要になることもあるでしょう。共有物の管理に関する事柄は、共有持分権者の持分価格に従って過半数で決めるのが原則ですが（民法252条1項）、令和5年4月1日以降、所在等不明の共有者や非協力的な共有者がいる場合には、その共有者の持分を除いた共有者の過半数で管理の方法を決める裁判ができるようになったので（252条2項）、この方法も検討して下さい。

4　亡祖父名義の土地の処分

　共有土地の処分には共有者全員の同意が必要です。しかし、この点に関しても、令和3年民法改正で、所在不明等共有者がいても、相続開始時から10年が経過しているときには、裁判により、行方不明者以外の共有者全員が共同して行方不明者の共有持分権を含めて不動産を処分することができることとなりましたので（民法262条の3）、検討してみて下さい。

5　まとめ

　以上、細かい法制度の紹介になりましたが、改正法は施行されたばかりですので、事案に応じた具体的な内容については、法務局や相続に精通した弁護士に相談することをお勧めします。

設問

半年前に父が遺言を残さずに死亡しました。父の遺産の中には貸しビル（1棟）がありますが、相続にあたっては、何に気をつければいいですか。

回答

遺言がないので、相続人間で貸しビルについて遺産分割することになりますが、遺産分割協議においては、賃料の帰属、修繕等の義務、借入債務の承継などに注意が必要です。

解説

1 遺産分割と賃料

　設問では、お父さんの死亡（相続開始）とともに、相続人全員が貸しビルを共有することになります（民法898条）。そして、遺産分割によって貸しビルを取得した相続人は、相続開始時に遡って貸しビルを相続したものとみなされ、賃借人に対する賃貸人としての地位をそのまま承継します。

　もっとも、相続開始から遺産分割までの間に発生した貸しビルの賃料は、相続開始時には存在しないため遺産には該当せず、相続人が法定相続分に従って取得します（なお、相続開始時において滞納されている賃料債権は遺産ですが、当然分割債権になるので、同様の結果になります）。

　したがって、貸しビルを取得した相続人は、遺産分割後に発生した賃料しか全額取得できませんので、遺産分割協議や調停においては、相続人間でそれ以外の賃料も分割対象とすることに合意したうえで、その処分を決めておくべきです。

2 貸しビルの修繕やエレベータの保守などの賃貸人の義務

　上述のように、相続開始から遺産分割成立までの間、貸しビルは相続人全員の共有となるため、相続人全員が賃貸借契約に基づく修繕義務やエレベータの保守点検などの義務を負うことになります。そして、遺産分割成立前に相続人の一人がこれらの義務を履行した場合は、他の法定相続人に対し、法定相続分に従って、その費用の分担を請求することになります。なお、遺産分割成立後は貸しビルを取得した相続人のみが賃貸人としての

義務を負います。

3　借入金の処理

　お父さんが貸しビルの建築資金を金融機関から借り入れ、貸しビルにも担保設定されているといった場合には、遺産分割によって、貸しビルを相続する相続人がその借入金債務も承継すると定められることが多いと思います。しかし、法定相続人は法定相続分の割合で相続債務を当然に承継しますので、相続人間で相続債務の承継について格別の合意をしても、その合意は債権者には対抗できません（☞テーマ20）。

　したがって、遺産分割で債務を承継した相続人の支払いが滞ると、他の相続人が金融機関から法定相続分に応じた弁済を求められることがあるかもしれません。そこで、遺産分割の前に金融機関と協議し、貸しビルを相続する相続人が借入金債務を承継することについての承諾（免責的債務引受に関する同意）を得ておくべきです。

4　分割方法

　さて、遺産分割協議では、貸しビルの評価をめぐって議論が紛糾し、誰が貸しビルを単独で相続するかについても合意できず、結局、貸しビル全体を複数の相続人の共有とするとか、貸しビルをいくつかの区分所有権に分割して複数の相続人がそれぞれを相続するといった方法がとられることもあります（現物分割）。

　しかし、このような処理では、貸しビル全体の管理（光熱費や水道料金の負担、清掃、修繕、エレベータの保守管理など）や処分を巡って後日の紛争を招くこともあります。したがって、現物分割よりは代償分割や換価分割の方法をお勧めします（☞テーマ12）。

5　遺言の必要性

　設問では遺言がありませんでしたが、もしお父さんが貸しビルについて遺言していれば、以上のような問題の多くを回避できます。その意味で、このような場合には遺言の作成が必要不可欠だといえるでしょう。

設問

借地上に所有する建物に住んでいた父が亡くなりました。その後、私は父の家に住むようになりましたが、地主から「一代限り」の約束だから建物を取り壊して出ていくよう求められています。このまま住み続けることはできますか。

回答

相談者に対する地主の請求には原則として理由がなく、相談者は、自宅に住み続けることができる可能性が高いです。ただし、他にもお父さんの相続人がいるなら、相談者が自宅建物を相続するという内容の遺産分割協議を早期に成立させるべきでしょう。

解説

I 借地権の相続

相続人は、被相続人の一切の権利義務や契約上の地位を相続により承継します（民法896条）。ですから、相談者も、お父さんと地主との間で締結された建物所有目的の借地契約による借地人の地位（借地人の権利が借地権です）を引き継ぐことになります。

2 地主の主張について

借地権の存続期間は30年以上とすることが借地借家法に定められており、これに反して借地権者に不利な特約は無効とされます（借地借家法3条、9条）。

設問の場合、借地権の存続期間を「一代限り」とするお父さんと地主との合意は、借地権の存続期間を30年以上とする借地借家法の規定よりも賃借人にとって不利なものとして、無効となる可能性が高いでしょう。そうすると、お父さんと地主との土地賃貸借契約書で「一代限り」と明記されていたとしても、地主は、相談者に対し、それを理由として、建物を収去して土地を明け渡すよう求めることはできないと思われます。

3 借地権の存続期間

借地契約における「一代限り」との条項が無効であれば、お父さんの借

地権の存続期間は定められなかったことになり、その存続期間は原則として30年です（借地借家法3条）。

　なお、かりに、お父さんと地主が現行の借地借家法が施行された平成4年8月1日よりも前に借地契約を締結していたのなら、その契約には、旧法である借地法（以下「旧借地法」といいます）が適用され（借地借家法附則4条但書）、借地権の存続期間は、堅固な建物所有のための借地契約については60年、その他の建物所有のための借地権では30年になります。

　つぎに、お父さんが亡くなった時点で上記の存続期間を過ぎていることも考えられますが、その場合には、借地権を自動更新している可能性があります（借地借家法5条、旧借地法6条）。自動更新した場合の借地権の存続期間は、借地借家法に基づき自動更新された場合は、最初の更新で20年、それ以降の更新で10年であり（同法4条）、旧借地法が適用される場合は、堅固な建物所有のための借地契約について30年、その他の建物所有のための借地権で20年です（同法5条）。

　このように借地権の権利関係は法律的に難解ですから、必ず弁護士に相談して下さい。

4　他の相続人がいる場合

　お父さんの遺言がなく、相談者以外にも相続人がいる場合、お父さん名義の建物の所有権や、お父さんと地主との借地契約に基づく借地人の地位（借地権）は相続人全員の共有になり、地主は、相続人の誰に対しても賃料全額を請求できます。

　この場合、相談者は他の相続人に対して賃料の分担を求めることも考えられますが、相談者以外の相続人は自分たちが使用していない自宅の地代を支払わないでしょう。そうすると、これらの点をめぐって、相続人間で揉めることになりかねませんので、相談者としては相続人間で遺産分割を成立させ、早々に自宅建物の単独相続を確定させるべきだと思います。

設問	私の弟は亡父から飲食店開店資金として1000万円の援助を受け、妹も結婚費用200万円を出してもらいました。母は、亡父と30年前に結婚し、7年前に亡父から2000万円相当の自宅（土地建物）の贈与を受けました。でも、私は父から援助を受けたことは一切ありません。父の遺産は2000万円でしたが、私はどの程度の財産を相続できるのでしょう。
回答	お母さんや弟、妹に対する贈与が特別受益になるか、また、お父さんが特別受益としない旨の意思表示をしていたかを検討して相続分を決めることになります。

解 説

I 特別受益とは

　共同相続人の中に、被相続人から遺贈を受けた者や生前に贈与を受けた者がいた場合、すべての相続人が遺産を法定相続分で分けるとすれば、実質的に不公平が生じかねません。そこで、民法は、この不公平を是正するために、これらの特別な受益（特別受益）を相続分の前渡しとして相続財産とみなし（みなし相続財産）、その価値分を持ち戻して（加算して）法定相続分を修正することとしました（民法903条）。

　特別受益となるのは「遺贈」と「婚姻もしくは養子縁組のためもしくは生計の資本としての贈与」に限られますが、後者の生前贈与については、被相続人の家庭事情や資産状況などを勘案して「遺産の前渡し」といえるかどうかがポイントです。また、特別受益は、何年も何十年も前の贈与について争われることが多いのですが、特別受益を主張する側には資料が残っていないため、贈与の事実や贈与に至る事情の立証が困難になります。さらに、令和5年4月1日施行の改正民法により、相続開始後10年を経過した場合には原則として特別受益の主張ができなくなったことにも注意が必要です（民法904条の3）。

2 婚姻又は生計の資本

　設問では、被相続人が妹さんに結婚費用として200万円を贈与していま

す。この場合、相当額の挙式費用は特別受益にはあたらず、結納金や支度金は子に対する贈与として特別受益にあたるという考えもあるようですが、結納金なども、一般的な金額なら、後述の持戻免除の意思が推定されることが多いでしょう。したがって、この200万円は遺産に加算されない可能性が高いと思われます。

これに対して、弟さんの開業準備資金1000万円は、生活するための事業資金として「生計の資本」にあたりますし、その金額も少額ではありませんから、原則として特別受益にあたるでしょう。

3　持戻しの免除の推定

さて、被相続人は、遺贈や贈与を特別受益の対象から外しておくことができ、これを持戻免除の意思表示といいます（民法903条3項）。そして、婚姻期間が20年以上の夫婦の一方から配偶者に対して居住用の建物や敷地を遺贈または贈与した場合は、この持戻免除の意思表示があったと推定されますから（同法903条4項）、設問の例では、お母さんの特別受益は否定されることになるでしょう。

4　具体的な計算

以上のように、妹さんの結婚費用や母の自宅不動産は特別受益にならず、弟さんの開業準備資金だけが特別受益に該当する場合、相談者を含めた各人の相続分の計算方法は、以下のとおりです。

まず、お父さんの遺産2000万円に弟さんが受け取った1000万円を加算し、3000万円がみなし相続財産となります。この場合、本来、お母さんがその1／2の1500万円を、子ども3人が各々500万円ずつ相続することになりますが、弟さんはすでに1000万円を取得していたことから相続分はありません。ただし、弟さんは500万円多く受け取っていますがその返還義務はありません。その結果、現在残っている遺産2000万円を弟さん以外の相続人が分けることになり、500万円の不足を公平に負担すると、お母さんが1200万円、相談者と妹さんが400万円ずつ相続するという結果になるとの考え方が一般的です。

このように特別受益はとても間違いやすいので、これが問題になる場合は必ず弁護士に相談して下さい。

> 設問
>
> 長女と次女の仲が悪いので相続で揉めないように、それに相続税対策も兼ねて、今のうちに長女に自宅を贈与しておこうと思いますが、問題があるでしょうか。

> 回答
>
> 生前贈与は、自宅を長女に残すためには有効な方法ですが、相続開始後に特別受益としてよく問題になりますし、遺留分侵害額請求の問題を生じることもあるので、注意が必要です。

解 説

I　生前贈与と節税

　ご自身が亡くなった後、相続人たちが相続で争わないように、あるいは相続税の金額を低く抑えるために、被相続人が相続人の一部や全員に財産を生前贈与することは頻繁に見受けられます。たしかに、特定の財産を生前贈与しておけば遺産分割でその財産の相続について揉めることはなくなりますが、相続税の節約効果に過大な期待を寄せることはできません。

　まず、もっとも一般的に行われている生前贈与は年間110万円までの贈与には贈与税は課税されないという「暦年贈与」ですが、相続開始前一定期間の贈与は相続税の対象となる財産とみなされますし、贈与の形式と実態を備えておかないと否認される可能性があります。また、設問のように不動産を生前贈与する場合には「相続時精算課税制度」がよく利用されますが、相続時に不動産の価値が遺産に合算されて相続税がかかるため、確実に節税効果があるとまではいえません（☞**テーマ57**）。いずれにしても、節税効果については税理士にご相談下さい。

2　生前贈与と紛争予防

　つぎに、たとえば、子どもたちに対して同額・同価値のものを生前贈与するなら公平ですが、実際にはどうしても贈与の内容に凸凹が生じやすく、贈与が少なかった子は不満を抱きます。また、それを恐れて誰に何を贈与したかを隠していると、隠されていた子は不満に思うだけでなく、ほかの姉妹にはもっと贈与があったのではないかと疑心暗鬼になり、それが相続

紛争の伏線となります。

　したがって、設問のように相談者が長女に自宅を贈与するのであれば、事前に次女に対して贈与の理由を説明するべきでしょう。

3　特別受益の可能性

　さて、設問の例で、相談者が長女に自宅を生前贈与した後に死亡した場合には、その遺産分割で、次女から、自宅の贈与は共同相続人の一人に対しての「生計の資本」としての贈与（遺産の前渡し）で「特別受益」にあたると主張される可能性があります。自宅の贈与が特別受益にあたったとしても長女はそのまま自宅を確保できますが、遺産分割においては、特別受益となる自宅の価値も相続財産とみなされたうえで各相続人の具体的相続分が計算されますから、自宅の価値が長女の具体的相続分を上回る場合には、長女は遺産からは何ももらえないことになります（☞テーマ2、26）。

　もっとも、相談者において、自宅の贈与は遺産の前渡しの趣旨ではなく、たとえば長女の献身的な介護・看病に報いるためであるといった格別の目的があるなら、「贈与した自宅は相続財産に戻さない」という意思表示（持戻免除の意思表示）をしておいて下さい。この意思表示の方法には特別の決まりはありませんが、持戻免除の意思表示があったかどうかはよく問題になりますので、必ず書面で残すことをお勧めします。

4　遺留分侵害額請求の可能性

　さらに、自宅の価値が相談者の財産の大半を占めるような場合には、相続開始後、次女は、長女に対して、遺留分侵害額請求権（金銭債権）を行使するかもしれません。そして、それが認められれば、長女は次女に対して遺留分侵害額に相当する金銭を支払わなければなりませんので、相談者は、長女がその負担に耐えられるのかも考えておく必要があるでしょう。

　なお、相談者が自宅の贈与について持戻免除の意思表示をしたとしても、次女からの遺留分侵害額請求の計算においては、自宅の価値が遺留分算定の基礎財産に加えられることに注意が必要です。

> 設問
>
> 母が足を骨折して立てなくなってから4年間、私が実家の酒屋を切り盛りしてきました。弟や妹は見て見ぬふりで、手伝おうともしてくれません。それでも母が亡くなれば、私の相続分は弟や妹と同じだけしかもらえないのですか。

> 回答
>
> あなたの母に対する貢献が特別のものと認められるなら、寄与分が認められる可能性があります。

解説

I 寄与分の制度

寄与分とは、相続人の中に、亡くなった方の財産の維持又は増加について、通常期待される程度を超える特別の貢献をした人がいる場合に、他の相続人との公平を図るため、特別の貢献をした相続人に対して、他の相続人より多くの財産を取得させる制度です。

そして、寄与分が認められた場合には、相続開始時の財産から寄与分を差し引いた財産が相続財産とされ、寄与分が認められた相続人は、こうして計算された相続財産についての相続分と寄与分の合計額を具体的相続分として取得することができます。

2 寄与分の要件

寄与分が認められるには、「共同相続人」が「特別の寄与」をしたことと、これと因果関係がある「相続財産の維持又は増加」があったことが必要です（民法904条の2）。

まず、寄与分の主体は共同相続人に限られます。

つぎに、特別の寄与とは、「被相続人の事業に関する労務の提供又は財産上の給付、被相続人の療養看護その他の方法により被相続人の財産の維持または増加」に特別に寄与したことをいいます。なお、「特別に」と規定されていることからわかるように、寄与分が認められるためには通常期待されるような程度を超えた貢献が必要です。そして、それは、①無償性、

②継続性、③専従性等の要素を考慮して判断されます。

　設問は「被相続人の事業に関する労務の提供」の例ですが、相談者は4年間酒屋を切り盛りしてきたということなので、それにより、被相続人の財産の維持または増加に貢献したかが問題になるでしょう。たとえば、相談者が会社勤めしながら週末だけアルバイト料をもらって酒屋を手伝っていたという程度では寄与分は認められないはずです。

　また、「療養看護」の場合には、夫婦、親子、兄弟姉妹には扶助義務・扶養義務があるので、被相続人と同居して日常生活を介護したというだけでは認められず、要介護度が高く常時見守りが必要な状態の被相続人に付き添って、通常であれば必要となるヘルパーや通所の費用を抑えたというような場合に寄与分が認められることになるでしょう。

3　寄与分の主張

　寄与分を定めるには、遺産分割協議によるか、家庭裁判所に寄与分を定める処分として調停または審判を申し立てる必要があります。家庭裁判所における寄与分の主張方法については、審判における主張期間の制限や相続開始後10年以内の請求など細かい制約がありますので、ぜひ弁護士に相談して下さい。

4　寄与分と遺言

　上述のように、寄与分の要件はかなり厳しいため、実は、全国の家庭裁判所で令和3年度に終結した1万3000件以上の遺産分割事件のうち約130件（1％）しか認められていません。つまり、相談者のように親を助けて家業を手伝っているような方は寄与分があると期待しがちですが、寄与分は簡単には認められないのが現実です。したがって、相続開始後に寄与分を主張すればよいと考えるのは間違いで、お母さんが相談者に感謝してくれているのであれば、お母さんに遺言能力があるうちに、寄与分を考慮した遺言書を書いてもらうべきでしょう。

　なお、共同相続人でない被相続人の親族（たとえば相談者の配偶者）が特別の寄与をした場合は、特別寄与者として特別寄与料を請求できます（民法1050条）。

設問 長男にお金を残すため、私を被保険者、長男を受取人にした生命保険をかけようと思いますが、何か落とし穴はありますか。

回答 生命保険のかけ方（受取人や保険金額）によっては、相続人間のトラブルを招くおそれがあるので、注意が必要です。

解説

1 生命保険は遺産に含まれるか

判例上、生命保険（死亡保険金）は被相続人の死亡を契機として支払われる受取人固有の権利であり、相続財産（遺産）にあたらないとされています。

したがって、相談者自身を被保険者とし、長男を受取人とする生命保険をかけておけば、相談者の死亡後、長男は他の相続人との間で遺産分割協議をすることなく死亡保険金を受け取ることができます。なお、損害保険の解約返戻金等は生命保険と異なり、相続財産として扱われます。

2 死亡保険金を遺産として取り扱うべき例外的な場合

さて、死亡保険金は相続財産に含まれないので遺産分割で考慮しなくてよいはずですが、例外的に、遺産分割等の際に生命保険（死亡保険金）が問題になる場合があります。

たとえば、一部の相続人が被相続人から生前贈与等で財産を受け取っていた場合、残りの遺産を相続人が法定相続分どおりに分けたのでは相続人間に不公平が生じますから、先に受け取った財産の価額を相続財産に戻したうえで各相続人の相続分を算出しなおすという「特別受益」の制度が定められています（☞**テーマ26**）。この場合、贈与等ですでに財産を受け取っていた相続人の相続分は、修正された相続分から贈与等の価額を差し引いて算定することになります。

もちろん、生命保険は生前贈与とは性格が異なりますが、共同相続人間

に不平等な結果をもたらすことは同じです。そこで、被相続人が財産の大部分を生命保険料の支払に充てていた事案で、「生命保険金の受取人である相続人とその他の相続人との間で、看過し難い著しい不公平が生じた場合には、相続人間の公平の観点から、例外的に死亡保険金請求権は特別受益に準じて持ち戻しの対象とされる」と判断された裁判例がありました。つまり、生命保険（死亡保険金）も特別受益として扱われる可能性があるのです。

なお、その基準については、同居の有無や被相続人の介護の状況等の様々な事情を総合考慮して判断されるため、死亡保険金の金額だけでは一概に判断できませんが、その額が遺産総額に比べてあまりに多額だと、他の相続人から特別受益と主張され、遺産分割が紛糾する可能性が高いことに注意が必要です。

3 税務上の取扱い

死亡保険金は遺産分割の対象となる遺産にはあたりませんが、設問のように相談者が契約者、被保険者、保険料支払者であり、長男が受取人となった場合、相続税法では、死亡保険金は相続財産とみなされて課税対象となります。ただし、生命保険には遺族の生活保障という性格があることから、500万円に法定相続人の人数を乗じた金額までは非課税です。したがって、この限度では生命保険には節税効果があり、その結果、生命保険は相続税対策としても一般的に利用されています。

このように、遺産分割や遺留分の計算のルールを定める民法上の相続財産と相続税法での課税相続財産とは一致しませんので、節税対策として生命保険を利用する場合には、税理士にもご確認下さい。

4 相続紛争と生命保険

上述のように、生命保険は相続税対策として一般的に利用されていますが、一部の相続人だけが遺産以外に多額の死亡保険金を受け取るとなれば他の相続人は不満に思うでしょうし、それが遺産分割協議の支障になりかねません。こうしたトラブルを避けるためには、相続人間の公平に配慮した複数の生命保険をかけるとか、特定の相続人が受取人となる死亡保険金の金額を踏まえた内容の遺言を残す等の工夫が必要です。

設問
父は、孫たちの中でも私立医大に進学した兄の息子だけをかわいがり、その孫の学費として2000万円を兄に渡したそうです。このまま父が亡くなった場合、私と兄の相続分は等しいのでしょうか。

回答
被相続人から共同相続人ではない者への援助（生前贈与）は原則として特別受益にあたらず、相談者とお兄さんの相続分は等しいことになります。ただ、例外もありますので、弁護士にご相談下さい。

解説

I 特別受益の要件

被相続人から相続人に対する生前贈与のほかに、被相続人が、相続税対策などいろいろな目的で相続人の家族に生前贈与することは珍しくありません。ただ、被相続人が一部の相続人の家族に対してだけ生前贈与すれば、相続開始時において他の相続人が相続できる遺産は減少しますから、その相続人が不満に思うのは当然でしょう。

このような場合、すぐに特別受益の問題が思い浮かびますが、特別受益はあくまでも共同相続人に対する遺贈や贈与が要件ですから、相続人ではない相続人の配偶者や孫など相続人の家族に対する贈与は特別受益にあたらず、遺産分割においても考慮されないのが原則です。それに、相続人以外の者に対する贈与まで特別受益に含めると、対象が拡大しすぎて、いつまでも具体的相続分の確定ができなくなるという問題が生じます。

2 特別受益が認められた例

しかし、共同相続人以外の者に対する贈与が、実質的には相続人に対する「遺産の前渡し」にあたり、特別受益となる場合がないわけではありません。

たとえば、被相続人が負担した孫の学費が特別受益にあたると認めた審判例もあります。これは、被相続人の子（相続人）が孫を残して家出し、被相続人が相続人に代わって孫の学費を負担したケースですが、被相続人は相続人が懈怠していた孫への扶養義務を肩代わりして負担したと評価で

き、実質的に相続人が贈与を受けたのと変わりがないと判断されたようです。

　もっとも、これとは逆に、孫と同居していた被相続人が負担した孫の学費は特別受益にあたらないとされた審判例もあります。とくに、相談例では高額な学費が問題になっていますが、特別の高等教育や留学費用を内容とする教育費の援助については、それが一身専属的な性格を有することを重視して、相続人に対する特別受益には該当しないと判断した裁判例が複数あり、否定的な傾向が強いと評価されています。

　そのほかに、祖父母から孫への小遣いは祖父母にとっての生き甲斐だから、これを相続人に対する遺産の前渡しと評価することは一般的には困難だが、それが小遣いの範囲を大きく超え、相続人（子）に対する援助と同視できるのなら特別受益と認めてよいとする考えもあるようです。

　こうしてみると、一般的には、相続人以外の者への贈与は特別受益にあたらないといえるものの、個々の事案ごとに被相続人の意思を検討し、相続人以外の者に対する贈与の利益が、その経緯、価値、性質等により、実質的には被相続人から相続人に対する贈与と同視できる場合には例外的に特別受益として認められることになります。ただ、その判断はたいへん難しいので、弁護士への相談が不可欠でしょう。

3　その他の問題点

　設問とは直接関係ありませんが、相続人以外への贈与については以下の点に注意して下さい。

　まず、お兄さんの死亡後にお父さんが他界された場合、お兄さんの息子はお父さんの相続人ですが、お兄さんが生きている間の贈与については「共同相続人」の要件を満たさず、原則として特別受益にあたりません。

　また、お父さんがお兄さんの息子と養子縁組した場合、お兄さんの息子はお父さんの相続人になりますが、養子縁組前の贈与については「共同相続人」の要件を満たさず、原則として特別受益にあたりません。

テーマ|31 相続放棄とは

設問
父が死んだと聞いて 2 か月が過ぎました。父とは10年間音信不通でしたが、事業に失敗したので借金があるはずです。また、父は借家に住んでいたらしく、家主から部屋を明け渡すよう求められています。私は借金を相続したくないし、借家の後始末もしたくないのですが、どうすればいいでしょうか。

回答
「自己のために相続の開始があったことを知ってから」「3 か月以内」なら相続放棄できます。相続放棄すれば債務を相続せずにすみますが、相続財産を受け取ることも処分することもできません。

解 説

I 相続放棄とその方法

　被相続人が死亡した場合、相続人は、被相続人の権利義務の一切を承継しますが、被相続人に多額の借金がある場合などには相続放棄の手続をとることで相続を拒否することができ、その結果、相談者は最初から相続人でなかったことになります（民法939条）。

　相続放棄は、単に他の相続人や第三者に対して相続放棄をする意思を伝えただけでは認められません。相続放棄をするためには、被相続人の最後の住所地を管轄する家庭裁判所に申述書を提出する必要があります。なお、相続放棄の申述書の書式は家庭裁判所ホームページで入手できます。また、相続人が「自己のために相続の開始があったことを知った時から」（通常は、被相続人が死んだことを知ってから）3 か月以内に裁判所に対して相続放棄の申述を行う必要があります（民法915条）。

　相続放棄の申述書を提出する際には、相続関係を証明するための戸籍謄本などもあわせて提出しなければなりませんが、戸籍謄本は本籍地の記載をたどって市役所などに請求する作業が必要で（窓口だけでなく郵送でも手続可能です）、戸籍一式を入手するのに時間がかかります。設問では相談者がお父さんの死亡を知ってからすでに 2 か月が過ぎているので、早急に手続をとって下さい。また、戸籍の入手などの手続に不安がある場合には、弁護士や司法書士に依頼することもできます。

2　熟慮期間の伸長と法定単純承認

　相談者はお父さんと音信不通だったわけですから、お父さんが借金を返済して資産を形成している可能性もあります。相続放棄すると相続財産を受け取ることができなくなりますので、相続放棄する前にお父さんの財産の状況を確認するべきかもしれません。また、戸籍謄本などの取得が3か月の熟慮期間に間に合わないことも考えられます。

　このような場合には、上述の家庭裁判所に3か月の熟慮期間の伸長の申述書を提出して、相続放棄するかどうかを決定するまでの期間を延長することができます（戸籍の追完も可能です）。ただし、熟慮期間の伸長後に相続放棄するなら、あらためて相続放棄の申述書を提出しなければなりません。

　なお、設問で、相談者が家主の求めに応じてお父さんの動産を引き取って売却処分するなどすれば、お父さんからの相続を単純承認したものとみなされ（民法921条）、相続放棄できなくなる可能性があるので注意が必要です。

3　相続放棄した後の注意点

　さて、相続放棄の手続を期間内に行えば、相談者は被相続人の相続人になりませんし、相談者のお子さんも相続人になりません（相続放棄を原因とする代襲相続は発生しないからです）。しかし、相談者が相続放棄することによって、相談者の後順位であるお父さんの直系尊属や兄弟姉妹（及びその代襲相続人）が相続人となる可能性があります。これらの方々に相談者が相続放棄したことを連絡するべきかどうかは、それぞれの事情によって異なりますので、弁護士に相談した方がよいでしょう。

　なお、令和3年民法改正により、「相続の放棄をした者は、その放棄の時に相続財産に属する財産を現に占有しているときは、相続人又は…相続財産の清算人に対して当該財産を引き渡すまでの間、自己の財産におけるのと同一の注意をもって、その財産を保存しなければならない」（民法940条1項）と定められましたが、設問では、相談者はお父さんの借家も動産も現に占有していませんので、この責任を負わないはずです。

設問
私には両親も子も、配偶者も兄弟姉妹、甥姪もいません。この先の生活や死んだ後のことを考えると、とても不安です。よい知恵はないでしょうか。

回答
判断能力が衰えた場合に備える方法としては財産管理契約や任意後見制度などがあります。また、亡くなった後のことを考えるのであれば、遺言書の作成や死後事務委任契約をお勧めします。

解説

1　終活

　残念なことですが、年齢を重ねるにしたがって病気や怪我に見舞われ、自立した生活ができなくなります。また、認知症や精神上の障害により事理を弁識する能力（一般に「認知判断能力」といわれますが、本稿では法律上の用語である「事理弁識能力」を用います）が衰えると、自分自身で財産を管理することも困難になります。とくに、設問のような「おひとりさま」は身近な親族に頼れませんから、自分でしっかり判断できる間に、今後の生活や財産管理、それに死亡前後の始末について、あらかじめ決めておくべきでしょう（これは最近「終活」と呼ばれています）。

　以下、いくつかの方法についてご説明します。

2　事理弁識能力の衰えに対する備え

(1)　財産管理契約・・・財産管理契約は、あらかじめ信頼できる第三者に財産の管理を委託する契約で、①預貯金通帳などの保管、②年金などの収入の管理、③公共料金、税金、賃料、介護費用、医療費の支払等の支出管理に加えて、④介護保険の申請手続や介護施設の手配、入居契約の援助などの身上監護業務についても委託しておくことができます。なお、これらの業務開始については、ただちに開始する場合（即効型）と、相談者が入院・介護施設に入所したときなどとする場合（将来型）があります。

(2)　任意後見・・・任意後見は、精神上の障害により事理弁識能力が不十

分になった場合に、身上監護や財産管理に関する事務を受任者に委任することをあらかじめ公正証書で契約する制度です（任意後見契約に関する法律）。任意後見は、事理弁識能力が不十分になっただけでなく、裁判所が後見監督人を選任した上で開始されますので、多くの場合、それまでの期間を補う財産管理契約と併用されています。

(3) 法定後見・・・法定後見（成年後見）は、精神上の障害により事理弁識能力を欠く常況にある場合に、本人、配偶者、四親等内の親族等の申立てにより、家庭裁判所が後見開始の審判をすることで開始し、成年後見人が本人に代わって財産管理する制度です（民法7条。なお、保佐、補助の説明は割愛します）。設問の例で、本人や四親等内の親族による申立てが難しければ、65歳以上の高齢者について認められる市町村長からの申立て（老人福祉法32条）などが利用されることになるでしょう。

3 死亡前後の事態に対する備え

(1) 見守り契約・・・身寄りがない高齢者は、不意の怪我や病変に誰も気づいてくれないのではないかという不安を抱えがちです。これに対しては、定期的な面談等を内容とする見守り契約が有効かもしれません。最近では、見守り契約も財産管理契約や任意後見契約と併用される傾向にあります。

(2) 死後事務委任契約・・・末期の延命治療、尊厳死、葬儀・埋葬の方法について、あらかじめ死後事務委任契約等で定めておけば、混乱を回避し、相談者の希望を実現することができます。

(3) 遺言・・・相談者が亡くなられた場合、法定相続人がいないので誰も遺産を処分できず、遺産は宙に浮きます。医療費の支払いや借家の明渡などにも対応できず、関係者に迷惑をかけることになるでしょう。このような場合、最終的には利害関係人らが家庭裁判所に相続財産清算人の選任を申し立て、相続財産清算人が相続人に代わって対応することとなりますが（民法952条）、手続が煩瑣で時間もかかりますから、関係者が困ることには変わりありません。

　したがって、相続人がいない相談者の場合には、必ず、遺言執行者を定めた遺言書を作成するべきでしょう。

設問
> 80歳になる私の従姉妹には法定相続人にあたる人がなく、借家で一人暮らししています。私は長年彼女の面倒をみてきたので、今では彼女から「自分が死んだら後始末を頼む」と言われています。何に気をつけておけばいいでしょうか。

回答
> 相続人のいない方が遺言を残さずに亡くなられると遺産は宙に浮き、法定の手続によらなければその後の処理ができません。ですから、相談者に全部包括遺贈する旨の遺言書を書いてもらうべきでしょう。

解説

1 相続人不存在の場合の相続手続

相談者は、近親者として葬儀や埋葬はできますが、従姉妹の相続人ではありませんから、死後事務委任契約（☞**テーマ32**）がなければ、被相続人の遺産から葬儀費用等を出したり、借家を明け渡したりすることはできません。

設問のように、被相続人に相続人がいることが明らかでない場合（相続人がいない場合も）、法律では、相続財産は、利害関係人等の請求によって家庭裁判所が選任した相続財産清算人が管理することとされています（民法第951条以下）。相続財産清算人とは、遺産を調査、管理し、相続人の有無を調査し、被相続人の債務を弁済するなどして残った財産を国庫に帰属させる立場の人で、令和5年4月に、それまでの「相続財産管理人」から「相続財産清算人」に呼称が変わり、その手続も迅速化されています。

2 相続財産清算人選任の申立て

そこで、従姉妹に頼まれた後始末をするためには、借家の賃貸人や相談者などが、利害関係人として相続財産清算人の選任を家庭裁判所に申し立てることになりますが、申立人は、相続財産清算人の報酬や費用に充てるため、数十万円から100万円の予納金（事案によって金額が異なります）を裁判所に納める必要があります。相続財産に余裕があれば後で予納金は返ってきますが、余裕がなければ返ってこないので、相続財産清算人の申

立てに躊躇される方が多く、そのため遺産の管理や借家の明渡しなどが放置されてしまいがちです。

3　特別縁故者への財産分与

　なお、相続財産清算人が債務の弁済等の処理を終えた後に残余財産があれば、「被相続人と生計を同じくしていた者、被相続人の療養看護に努めた者その他被相続人と特別の縁故があった者」は、相続財産の一部または全部の分与を請求できますが（民法第958条の2）、設問の相談者は、「その他被相続人と特別の縁故があった者」にあたる可能性があります。もっとも、特別縁故者として相続財産の分与を受けるためには上記の要件に該当することを証明しなければなりません。したがって、相談者としては、従姉妹の面倒をみてきたことがわかる記録や資料（手紙、日記、写真、領収証等）を残しておく必要があります。

　また、特別縁故者としての財産分与の申立ては、相続財産清算人選任及び相続人捜索の公告に定められた催告期間（6か月以上）の満了日から3か月以内に行わなければ権利を失います（民法958条の2、2項）。この点はとても忘れやすいので、相続財産清算人選任の申立ての段階から、弁護士に依頼するべきでしょう。

4　遺言による包括遺贈

　以上は遺言がない場合の流れですが、相続財産清算人及び特別縁故者に対する財産分与の制度は、改正されたとはいってもまだ時間と手間がかかってしまいます。したがって、設問の場合には、「相談者に全部を包括遺贈する」との内容の遺言書を作成してもらうべきでしょう（この場合、遺言執行者は不要です）。

　なお、包括遺贈の受贈者は相続人と同一の権利義務を有するため（民法第990条）、相続人不存在の場合における上述の面倒な手続を回避できますが、相続債務も引き受けることになるので、従姉妹の財産が債務超過でないかについては確認が必要です（☞テーマ40）。また、一部の財産だけ特定遺贈してもらうという内容の一部遺言では、残りの遺産の処理については相続財産清算人の手続が必要になるので、お勧めできません。

　したがって、設問のように「後始末を頼む」と言われた場合には安請け合いせず、ご本人とご一緒に弁護士に相談されることをお勧めします。

テーマ|34 遺言の種類

設問
最近、娘から遺言書を書いてくれと頼まれました。そこで遺言のことを勉強しておきたいのですが、どんな種類の遺言書があるのでしょう。

回答
遺言には大きく分けて普通方式と特別方式の遺言があります。そのうち、普通方式の遺言は自筆証書遺言、公正証書遺言、秘密証書遺言の3種類です。

解説

Ｉ　自筆証書遺言（民法968条）

自筆証書遺言とは、遺言者が、その全文、日付及び氏名を自書し、これに押印した遺言です。全文を自分で手書きすることが原則です。ただし、相続財産の目録については、手書きではなく、パソコンなどによる作成や登記事項証明書・預金通帳のコピー等の添付でも認められます。

自筆証書遺言は紙と筆記具と印鑑さえあれば自分一人で作成できるため、費用をかけずに手軽にできるのが利点ですが、法律で定められた形式を満たさない場合には無効となります。また、記載内容が不明確だと、その解釈をめぐって争いが起こることも少なくありません。さらに、相続開始後に「検認」という手続（☞テーマ44）を家庭裁判所でとる必要があるため、遺言の内容が実現するまでに手間と時間がかかります。

また、原本が１通しかないため、紛失等の危険があります。あらたに創設された法務局で自筆証書遺言を保管する制度を利用すれば紛失の危険はなくなりますが、法務局は遺言の内容については審査しませんので、この方法をとっても、遺言が無効になる危険性や解釈で争いが生じるリスクは依然として残ります。

２　公正証書遺言（民法969条）

公正証書遺言とは、法律で定められた方式に従って公証人に作成してもらう遺言書です。公正証書遺言は、遺言者本人が公証人と証人２名の前で遺言の内容を口頭で告げ、公証人が遺言者の真意であることを確認し、こ

れを文章にまとめて遺言者と証人2名に読み聞かせ、内容に間違いがないことを確認して作成します。

公正証書遺言は作成ための費用と手間がかかりますが、公証人が作成するので、自筆や署名が困難な遺言者でも利用できます。原本は公証役場で保管されるため紛失の危険はありません。また、相続開始後の検認手続が不要のため、相続開始後速やかに遺言の内容が実現できます。さらに平成元年以降に作成された公正証書遺言については、全国の公証役場で公正証書遺言の有無を検索することが可能です。

ただし、公証人が遺言者の遺言能力や遺言の内容を十分に確認するわけではないので、遺言能力がないとされて無効となったり、遺言の解釈で相続人間で紛争が生じる可能性は残ります（☞テーマ38）。

3　秘密証書遺言（民法970条）

秘密証書遺言とは、本人以外はその内容を見ることはできず、遺言内容を秘密にしておく形式の遺言です。これは、遺言者が遺言の内容を記載した書面に署名押印をし、これを封筒に入れて、遺言書に押印した印章と同じ印章で封印をしたうえ、公証人及び証人2名の前にその封書を提出し、自己の遺言書である旨並びにその筆者の氏名及び住所を申し述べ、公証人がその封紙上に日付及び遺言者の申述を記載した後、遺言者及び証人2名とともにその封紙に署名押印をすることによって作成します。

秘密証書遺言の長所は、署名以外は自筆である必要はなくパソコンなどで作成できること、遺言書が本人のものであることを明確にしたうえで遺言内容を秘密にすることができる点にあります。

ただし、自筆遺言証書と同様に、遺言者自身が保管するので紛失の危険があること、遺言内容に法律的な不備があれば無効となったり、解釈上の争いが生じる可能性があること、相続開始後に検認が必要になることなどの短所もあります。

4　特別方式の遺言

そのほか、民法上、特別方式の遺言として、死亡の危急に迫った者の遺言（民法976条）、伝染病隔離者の遺言（民法977条）、在船者の遺言（民法978条）、船舶遭難者の遺言（民法979条）がありますが、いずれも例外的なので、本書では説明を省略します。

設問

以前、遺言書を書くなら自筆証書遺言より公正証書遺言の方がよいと言われたことがあるのですが、その理由がよくわかりません。それぞれのメリットとデメリットをわかりやすく教えて下さい。

回答

自筆証書遺言は遺言者が自分一人で手軽に作成できるため重宝され、しばしば利用されていますが、形式的要件を満たさず無効になったり、内容が不明瞭だったりして問題になるケースが後を絶ちません。したがって、本書では、公正証書遺言をお勧めしています。

解 説

1 自筆証書遺言のメリットと公正証書遺言のデメリット

自筆証書遺言は、紙と筆記具と印鑑さえあれば、遺言者がいつでもどこでも誰にも知られずに作成することができ、費用もかかりません。自筆証書遺言のメリットは、まさにこの手軽さにあるといえます。

これに対して、公正証書遺言は、原則として遺言者が公証役場に出向き、公証人に費用を支払って作成してもらわなければならないので、自筆証書のような手軽さはありません。

2 自筆証書遺言のデメリット

しかし、手軽に作成できるということは、それだけ危うさ（リスク）があることを意味しています。

そもそも遺言書は、遺言者が亡くなった後に遺産の行く末を決定づけるたいへん重要な書面です。だからこそ、法律は「遺言は、この法律に定める方式に従わなければすることができない」として、厳格な法定の形式に従うことを要求しているのです（民法960条）。

したがって、遺言者が法律の定める形式を正確に理解しないまま自筆証書遺言を書く場合には、せっかくの遺言が形式の不備のために無効になってしまう可能性があります。たとえば、自筆証書遺言は全文を自分で手書きしなければならないので誤記の可能性も高くなりますが、加除や変更の方法についても厳格なルールが定められています（☞**テーマ36**）。つまり、

遺言者が自分一人で法律上有効な自筆証書遺言を作ることは、思うほど簡単ではありません。

つぎに、自筆証書遺言は1通しかないので、遺言書の保管場所がわからなくなったり、遺言書を発見した人が隠したり、遺言の内容を変えてしまったりするリスクがあります。自筆証書遺言について家庭裁判所における検認手続が法定されているのも、遺言が変造されるなどのリスクがあるからです。

また、遺言者が見よう見まねで自筆証書遺言を書くと、遺言の内容が不明瞭になることが少なくありません。さらに、自筆証書遺言では遺言者以外誰も作成に立ち会わないことが多いので、相続人の一部から、遺言能力がなかったとか、無理やり書かされたと主張され、紛争が起きやすくなるというデメリットもあります。

3 公正証書遺言のメリット

これに対して、公正証書遺言は公証人が作成するので、遺言書が法定の形式を欠いて無効になるという可能性はほとんどありません。また、公正証書遺言の原本は公証役場で保管されますので、紛失、隠匿、変造のリスクはなく、家庭裁判所での検認手続も不要です。さらに、公正証書遺言を作成する際には、証人2人が立会い、公証人が遺言者の意思、遺言能力や遺言書の記載内容も確認しますから、遺言能力や遺言の内容をめぐる争いを、かなりの程度予防することができるでしょう。

したがって、遺言書作成にかかわる専門家は、こぞって自筆証書遺言より公正証書遺言を推奨しています。

4 利用実態

司法統計によれば、令和3年度の遺言書検認件数は1万9576件でしたが、その多くは自筆証書遺言ですから、毎年、約2万通の自筆証書遺言が作成されているはずです。これに対して、同年度の公正証遺言作成数は10万6028件ですから、実際に作成されている遺言書の大半は公正証書遺言です。

誰にも知られず、費用もかからず、好きな時に遺言書を作成できるので自筆証書遺言を選びたいという気持ちはわかりますが、後顧の憂いを排除するために遺言書を作成するのなら、やはり公正証書遺言を選んでいただきたいと思います。

> 設問
>
> 自分だけで自筆証書遺言を作成する場合の方法を具体的に教えてください。また、無効にならないように遺言書を作成するには、どうすればよいのでしょうか。

> 回答
>
> 自筆証書遺言を作成するには、法律で定められた形式的要件を満たすかどうかについて細心の注意が必要です。以下、説明します。

解 説

I 自筆証書遺言の形式的要件

まず、法律は「自筆証書によって遺言をするには、遺言者が、その全文、日付及び氏名を自書し、これに印を押さなければならない。」としていますので（民法968条第1項）、この点を説明します。

第一に、自筆証書遺言では全文を自書する必要があるため、遺言書の用紙は、あらかじめ文字が印刷されていないものを選ぶべきです。罫線や商品名等の定型文言は差し支えありませんが、市販されているエンディングノートなどで、表題や質問項目などが印刷されている頁に遺言を書き込むと、「全文自書」の要件を満たさず、無効となる可能性があります。

第二に、「自書」とは、遺言者自身が筆記することを意味します。近年流行している消せるボールペンや鉛筆で遺言書を書くと、書き直したと疑われる可能性が残るので、消えない筆記具を用いて自分で書いて下さい。また、うまく書けないといった理由で、誰かに手を添えてもらって作成することも避けてください。

第三に、「日付」は西暦・和暦のいずれでも結構ですが、必ず、何年何月何日まで記載して下さい。「〇年〇月吉日」と書いて無効になったケースもありますので、「晩夏」とか「記念日」といった記載も無効原因になる可能性があります。

第四に、「氏名」は戸籍どおりの書体である必要はありませんが、本名を正確に書いて下さい。通称・雅号・ペンネーム等で署名し、訴訟等で争った結果有効と判断された場合もありますが、無用なトラブルを招きま

す。

　最後に、「押印」とは、自分の印鑑を押すことです。印鑑登録をした実印である必要はありませんが、できれば実印を用い、印鑑証明書を同封しておけば無用な紛争を回避できます。なお、100円ショップ等で買える大量生産された印鑑や、スタンプ式の印鑑は避けた方がよいでしょう。

2　財産目録について

　民法968条2項は、「自筆証書にこれと一体のものとして相続財産の全部又は一部の目録を添付する場合には、その目録については、自書することを要しない。この場合において、遺言者は、その目録の毎葉（自書によらない記載がその両面にある場合にあっては、その両面）に署名し、印を押さなければならない」と規定しています。つまり、全文自書の例外として、自筆証書遺言に相続財産の全部又は一部の目録を添付するときは、その財産目録はパソコン等で作成されたものでもよいということです。ただし、この場合には、その財産目録の各ページ（両面印刷の場合には両面）に署名押印をしなければなりません。この財産目録は、自筆証書遺言とは別の用紙で作成する必要がありますので、注意が必要です。

3　自筆証書遺言（財産目録を含む）の加除その他の変更

　民法968条3項は、「自筆証書（前項の目録を含む。）中の加除その他の変更は、遺言者が、その場所を指示し、これを変更した旨を付記して特にこれに署名し、かつ、その変更の場所に印を押さなければ、その効力を生じない」としています。

　したがって、自筆証書遺言を修正・変更する場合には、その箇所を指示して（元の文言を二重線で消すなどして）変更後の文言を記載し、その場所に遺言書に用いるのと同一の印鑑を押し、さらにその箇所の近くに、何文字を消して何文字を加筆したかを付記して変更したことを明確にして、その説明部分にも署名する必要があります。このように、自筆証書遺言の記載を修正する方法はかなり複雑です。

　したがって、修正に限らず、自筆証書遺言を書く際に少しでも不安に感じられることがあれば、弁護士に確認してもらうことをお勧めします。

設問
自分で作った遺言書を弁護士にチェックしてもらいましたが、形式的な間違いはないとのことでした。この遺言書は、どこに保管すればよいでしょう。新しい遺言書保管制度についても教えて下さい。

回答
相続が開始したとき、すぐに遺言書の存在が明らかになるような保管の工夫が必要です。自筆証書遺言書保管制度も積極的に利用していただければと思います。

解説

I 遺言書がある場合の相続手続

被相続人が遺言書を残さずに亡くなり、複数の相続人がいる場合は、どのように遺産を分割するかを相続人全員が話し合って決めることになります（遺産分割協議）。一方、遺言書が残されていれば、遺言の内容に従って遺産が承継されますので遺産分割協議は不要となるのが一般的です。

自筆証書遺言がある場合、遺言書の保管者または遺言書を発見した相続人は、遺言者の最後の住所地を管轄する家庭裁判所に遺言書の検認を請求しなければなりません。これを受けた裁判所は、検認期日を定めて相続人全員に呼出状を送り、検認期日に出席した相続人の前で遺言書の様式や内容を確認します。

しかし、遺言書が誰にも発見されず、誰も遺言書の存在に気づかないと、遺言書がないものとして遺産分割が行われますし、その後に遺言書が見つかれば遺産分割の効力がなくなります。したがって、遺言書は、相続開始後すぐにそれに気づいてもらえるよう保管する必要があります。

2 自筆証書遺言の保管

一般的には、遺言書を仏壇や書斎の机や鏡台の引き出しなどにしまい、自宅で保管される方が多いと思います。しかし、同居の相続人や自宅を訪問した相続人が遺言書を見つけて隠したり、自分に有利に書き換えたりする可能性もないとはいえません。したがって、遺言書は必ず封筒に入れて封印し、中身を見られないようにしておくべきでしょう。

なお、自筆証書遺言を自宅で保管することが不安であれば、信頼できる第三者に遺言書を預ける方法も考えられますが、その場合には、あらかじめ相続人に対して、遺言書を書いて預けていることを伝えておくべきでしょう。なお、銀行の貸金庫に預けると相続開始後に開けられなくなるので、お勧めできません。

3　自筆証書遺言書保管制度

　令和2年7月10日から始まった新しい自筆証書遺言書保管制度は、各地の法務局が遺言書保管所として自筆証書遺言の原本を保管する制度で（法務局における遺言書の保管等に関する法律第2条）、すでに毎年2万件以上の利用があると言われています。

　この制度の利用方法を簡単に説明しますと、①遺言者が形式的要件を満たした自筆証書遺言書を作成し、②遺言者自身が住所地、本籍地等の法務局の窓口に出頭して無封の遺言書を提出し、③法務局の遺言書保管官が自筆証書遺言の形式を満たしていることを確認した後、④手数料を受領して遺言書を保管するという手順になります。したがって、遺言者が病気等の事情で法務局に出頭できない場合は利用できませんし、窓口で遺言書保管官から内容についてのアドバイスを受けることもできません（詳しくは法務局で確認して下さい）。

　つぎに、この方法のメリットとしては、①自筆証書遺言の紛失、隠匿、偽造等のリスクの防止、②相続開始時に相続人が遺言書の有無を検索できること、③家庭裁判所の検認手続を省略できること、④証人が不要で保管手数料も1件あたり3900円と安いこと、⑤死亡時の指定者通知を希望できることなどが挙げられます。とくに、⑤の指定者通知を希望しておくと、相続開始時に戸籍担当部局から遺言書保管所に連絡が入り、遺言書保管所から、あらかじめ指定した相続人等に死亡の事実と遺言書保管の通知が自動的に送られますので、遺言書を書いたことを誰にも知らせていない場合などには、とても利用価値があると思います。

　もっとも、この制度では遺言書保管官が形式的審査をするだけですから、遺言の有効性が争われそうな場合には、やはり公正証書遺言の方がよいかもしれません。それぞれのメリット・デメリットを考えながら、状況に合った遺言の方法を考えて下さい。

テーマ 38 公正証書遺言の落とし穴

設問 子どもたちが争うことがないように遺言書を残そうと思いますが、公正証書遺言を作るには、公証役場に行って相談すればよいのでしょうか。必要書類等、事前に準備しておくものはありますか。

回答 公証役場では遺言内容について詳細な相談はできませんから、公正証書遺言を作成する場合でも、事前に弁護士に相談しておくべきです。

解 説

I 公証人の役割と弁護士の役割

公正証書遺言は、自筆証書遺言に比べて形式面の問題が起こりにくく、また、紛失や偽造・変造の危険がないといった利点がありますが、実は、公正証書遺言を作成すれば万全というわけではありません。

たとえば、公証人は遺言者の遺言能力を正確に判断できませんし、公証人が遺言の有効性を保証してくれるわけでもありません。したがって、公正証書遺言でも、相続開始後に遺言能力がなかったとして遺言が無効とされたり、遺言の内容が不明確なために解釈について紛争が生じる可能性は残ります。

また、そもそも公証役場は相談に応じる役割の機関ではなく、公証人も生前贈与の有無などは確認しませんし、遺留分を侵害することが明らかな遺言や一部遺言など相続開始後に問題が生じる可能性がある遺言でも、遺言者が希望すればそのまま形式的に遺言を作成してくれます。しかし、このような遺言を作成すれば相続開始後に紛争が起きる可能性が高くなることはいうまでもありません。

これに対して、弁護士に相談いただければ、遺言能力に疑義を残さないよう遺言者の意思表明をビデオに録画する等の工夫をし、相続人の人間関係や生前贈与などの事情をくわしく聞き取って遺留分侵害額請求の問題を生じないよう配慮し、予備的遺言や遺言執行者指定の要否を含め、適切な遺言書の内容を提案することができます。

したがって、「遺言の内容に関する具体的な相談は弁護士に、遺言書の

75

作成手続は公証人に」と役割を分けて考えることが大切で、手間を惜しまず、公証役場に行く前に弁護士に相談してみるべきです。

2　公正証書遺言の事前準備

　公正証書遺言の作成にあたっては、遺言者の相続開始時において誰が遺言者の相続人になる可能性があるのか、その際の相続財産は何になるのかを確認し、そのうえで誰にどの財産を相続させるのか、相続人以外の人にも財産をわたすのか（遺贈するのか）などを決めなければなりません。

　この点は弁護士とよく協議していただく必要がありますし、その際の資料として、①遺言者の本人確認資料として健康保険証や印鑑登録証明書等、②遺言者と相続人の関係を示す資料として戸籍謄本や住民票、③遺贈を行う場合は受贈者を特定する資料として住民票や法人の全部事項証明書など、④相続財産を特定するための預貯金通帳、不動産の登記事項証明書、固定資産評価証明書、固定資産税・都市計画税の納税通知書、株式や投資信託であれば証券会社の残高報告書などを持参していただければ相談が円滑にすすみます。

　こうして遺言の内容が固まれば、弁護士が公正証書遺言の案を起草し、公証人と打ち合わせします。

3　公正証書遺言の作成当日

　公正遺言証書の作成当日は、遺言者本人が、公証人と証人2名の前で遺言の内容を口頭で告げ、公証人がそれが遺言者の真意であることを確認したうえ、文章にまとめたものを遺言者及び証人2名に読み聞かせ、または閲覧させて、内容に間違いがないことを確認して作成します。遺言書の正本と謄本は遺言者に交付し、原本は公証役場で保管されます。なお、公正証書遺言の作成費用の基準は、日本公証人連合会のホームページでも確認いただけます。

4　公正証書遺言の落とし穴

　公正証書遺言がある場合でも相続紛争は起こりますが、弁護士はまさにそうした紛争の原因や帰趨について知識、経験を持っています。公正証書遺言を作成する場合でも、あらかじめ弁護士にご相談いただければと思います。

テーマ 39 「相続させる遺言」

設問 遺言書を書くときに、「相続させる」という書き方と「遺贈する」という書き方があると知りました。どちらの使い方が正しいのでしょう。

回答 遺言で相続人に遺産を譲る場合、一般的に「相続させる」との表現が用いられます。これに対して、相続人以外の者に遺産を譲る場合は「遺贈する」とするべきでしょう。

解 説

1 「相続させる」という遺言の意味

特定または全部の遺産を特定の相続人に「相続させる」という遺言は、原則として遺産分割の方法（民法908条）を定めたことになり、他の共同相続人もこの遺言に拘束され、その遺産は相続開始と同時にその相続人に移転するという効果が認められています。したがって、「相続させる」対象が不動産なら、その相続人が単独で所有権移転登記を行うことができますし、預貯金であれば解約や名義変更ができることになります。

もっとも、平成30年の民法改正で、相続による権利の承継は、法定相続分を超える部分については、登記等の対抗要件を具備しなければ第三者に対抗することができないとされました（民法899条1項）。

つまり、「相続させる」との遺言で権利を承継させても、その相続人が移転登記等の対抗要件を怠っているうちに他の共同相続人が第三者に遺産を譲渡した場合には、その第三者に対して、法定相続分を超える権利の承継を主張できなくなったのです。したがって、「相続させる」との遺言があるだけでは万全ではないので、相続開始後に、権利を承継させた相続人がただちに対抗要件を備える手続をしてくれるかどうか不安であれば、弁護士を遺言執行者に指定して、処理をまかせておくべきでしょう。

一方、「長男に遺産の1／2を相続させる」というように全部ではない一定割合を「相続させる」とした遺言は、相続分の指定をしたことになります（民法902条）。しかし、これだけでは具体的にどの遺産を長男が取得するかは未確定ですから、さらに、相続人間での遺産分割が必要になります。

なお、相続人に遺産を承継させる場合に「遺贈する」と書いても、権利を承継させようとする遺言者の意思が明らかである限り、無効にはなりません。ただ、その相続人に特定遺贈の放棄の自由を与えるといった格別の意図がないのなら、相続人に遺産を承継させる場合は「相続させる」という表現を用いて下さい。

2　「遺贈する」という遺言の意味

　これに対して、「遺贈する」との遺言は、一般的には、法定相続人以外の者に遺産を承継させる場合に用いられます。相続人以外の者に「相続させる」というのは、論理的に不自然だからです。

　相続人以外の者への「遺贈」を内容とする遺言では、亡くなった遺言者の遺贈義務を相続人全員が引継ぐので、たとえば特定の不動産の遺贈（特定遺贈）なら、相続人全員との共同申請で所有権移転登記手続する必要があります（例外的に、不動産登記法63条3項により、相続人に対する遺贈では単独で登記申請できます）。しかし、相続人全員が協力してくれるとは限らないので、遺言執行者を指定しておくべきです。遺言で遺言執行者を定めた場合には、遺贈の履行は遺言執行者のみが行うことができるとされ（民法1012条2項）、相続人は遺言の執行を妨げる行為をすることができません（民法1013条1項）。

　なお、相続人以外の受遺者は、もともと遺産に関して権利を持っていませんので、登記等の対抗要件を備えなければ、第三者に対して遺産の取得を主張できません。

3　遺産を承継する者が先に死亡した場合の取扱い

　ところで、遺贈は、遺言者の死亡以前に受遺者が死亡したときは効力は生じないとされ（民法994条）、「相続させる」との遺言で遺産分割の方法または相続分の指定をした場合も同様に解されています。したがって、「相続させる」遺言でも「遺贈する」遺言でも、遺産を承継させる予定の者が先に死亡すれば何も定めていなかったことになってしまうので、こうした場合に備えて予備的遺言を加えていただくべきでしょう。

　このように、遺言を作成する場合には、その表現だけでなく、遺言執行者の指定や予備的遺言の要否の問題を検討する必要があるので、弁護士に相談していただきたいのです。

設問
　お世話になった方に財産の半分を差し上げる遺言書を作りたいと思いますが、問題はありますか。借金も負担させることになるのでしょうか。

回答
　結論からいうと、お世話になった方に迷惑をかけたくないなら、遺留分を侵害しない範囲で特定の財産を遺贈し（特定遺贈）、かつ遺言執行者を指定した遺言書を作成すべきです。

解　説

1　遺贈とは

　「遺贈」とは、遺言により、遺産の全部または一部を無償あるいは一定の負担を付して処分（譲渡）することで（民法964条）、法定相続人に対しても、それ以外の第三者に対しても、個人・法人問わず、行うことができます。遺贈には、遺産の全部またはその一定割合を与える場合（包括遺贈）と特定の財産（不動産、預貯金、株式や投資信託、貴金属等）を指定して与える場合（特定遺贈）の二種類があります。

2　包括遺贈の落とし穴

　相談者は「財産の半分を差し上げる」ことを希望されているので、そのまま遺言書を書けば包括遺贈ですが、包括遺贈には、以下に述べるデメリットがあります。

　まず、包括受遺者は、相続人と同一の権利義務を有するため（民法990条）、被相続人の債務の全部または一部を承継します。たとえば、「遺産の半分を遺贈する」という遺言だと、これを受けた包括受遺者は相続債務（借金など）の半分を自動的に承継します。ですから、相談者さえ忘れているような負債や連帯保証債務等がある場合には、包括遺贈では受遺者にその借金を押し付けることになってしまうのです。

　つぎに、包括受遺者は相続人と同一の立場に立つので、実際に財産を取得するためには遺産分割手続が必要です。そうすると、他の相続人を相手方として遺産分割協議や調停などを行なわなければなりませんが、他の相

続人が遺贈を快く思わないかもしれませんから、遺産分割手続は受遺者の負担となります。

　さらに、遺贈の放棄をする場合、包括受遺者は、法定相続人が相続放棄する場合と同じように、遺贈の効力発生を知った時から3か月以内に家庭裁判所で申述しなければなりません。なお、民法986条は、受遺者は遺言者の死亡後いつでも遺贈を放棄できるとしていますが、この規定は特定遺贈の受遺者についてだけ適用され、包括遺贈には適用されません。この点は誤解されやすいので注意が必要です。

　以上のように、包括遺贈には多くのリスクが潜んでいます。

3　特定遺贈のメリットと注意点

　これに対して、特定遺贈は、特定の遺産を受遺者に与えるもので、相続人でない受遺者は、とくに指定がない限り相続債務を負担しません。また、遺贈の対象となる遺産は遺産分割の対象から除かれるため遺産分割手続に関与する煩わしさもありません。さらに、上述のように特定遺贈の放棄はいつでも可能です。したがって、受遺者の都合に配慮し、受遺者に感謝の気持ちを表すなら、包括遺贈ではなく特定遺贈を選択するべきです。ただし、特定遺贈でも、以下の点には注意が必要です。

　まず、①遺言書の文言では包括遺贈か特定遺贈か断定できないという事態を避けるため、弁護士に遺言書を確認してもらって下さい。つぎに、②遺贈の手続を完成させるためには名義変更等の手続が必要なので、遺言では、必ず遺言執行者を指定して下さい。また、③遺贈が遺留分を侵害すると遺留分侵害額請求を受ける可能性があるので、遺留分を侵害しない範囲で遺贈する財産を選ぶ必要があります。

　さらにいえば、④受遺者の立場では特定の不動産や動産よりも流動性がある金銭を遺贈された方が助かりますから（相続税の負担を考えれば、なおさらです）、不動産等を換価売却した代金を遺贈するという「清算型遺贈」の方法を利用されるべきでしょう。とくに受遺者が地方公共団体等である場合は、遺贈の対象によっては議会の承認が得られず遺贈を受けられないとされる可能性もあるので事前協議が必要です。なお、⑤受遺者が相談者より先に亡くなった場合にどうするのかなどについても決めておく必要があります。

　このように検討すべき課題が多いので、遺贈をお考えなら、一度は弁護士に相談して下さい。

| 設問 | 私は4人兄弟の長女で、父が亡くなってから高齢の母と同居しています。母に遺言書を書いてくれと頼みたいのですが、どのようにもちかければいいでしょうか。 |

| 回答 | 遺言書を書くか書かないかはお母さんの自由なので、どうすればお母さんがその気になってくれるかが重要です。お母さんの立場に立って、お母さんが不安を感じないですむように配慮し、かつ、お母さん自身に遺言書を書く必要性を理解してもらうしかありません。 |

解説

1　お母さんの立場に立って考えること

　　人は誰でも歳をとれば体が不自由となります。昔なら簡単にできていたことができなくなれば気が滅入り、将来に不安を感じることでしょう。不安になれば、自分を大切にしてもらいたいという欲求が強くなり、それが満たされていないと感じれば機嫌が悪くなります。頼りになるのはお金（財産）しかない、遺言を書けば私は用済みになって、誰からも相手にされなくなるかもしれないと考えるかもしれません。こうしたお母さんの気持ちを理解せずに、いきなり遺言書の作成を頼んでも、お母さんは不安が増すばかりで言うことを聞いてくれないでしょう。

2　遺言書を書いてもらえる条件とは

　　まず、お母さんがまだ元気で不安を感じていないうちに、遺言書を書くよう頼む方がよいでしょう。歳をとるほどに心身の不安が増しますので、遺言書を書いてもらうのはより難しくなります。そのうち認知症の症状が現れたりすると、せっかく遺言書を作成しても、遺言能力がなかったため、遺言は無効であると争われることになりかねません。

　　つぎに、遺言を残す具体的な必要性について、理解してもらうことが必要です。お母さんは、自分の死後のことについては深く考えておらず、遺言書の必要性を感じていない可能性があります。遺言が残っていなかった場合に生じ得る不利益（共同相続人となる兄弟姉妹間で骨肉の争いになる

可能性があるなど）についてお母さんに説明した上、できれば兄弟姉妹が
そろってお母さんにお願いするのがもっともよいでしょう。遺言の必要性
を冷静に判断してもらうためにも、やはりここでもタイミングは早い方が
良いことになります。

　そして、お母さんの漠然とした不安を取り除いてあげることが必要です。
お母さんが不安を抱えた状態で遺言書の作成をお願いしても、「私が死ぬ
のを待っているのか」と反感を買ってしまう可能性があります。高齢者は
遺言書を書いてしまうと施設に放り込まれるのではないか、ないがしろに
されるのではないかと不安を抱えていることもあります。高齢者にとって、
自身の財産の処分は残された最後の切り札なのです。そのため、遺言書を
書いても、天寿を全うするまで子どもたちに面倒をみてもらえるのだと安
心してもらうことが重要です。安心してもらえるような方法で、兄弟姉妹
が呼吸を合わせてお母さんのお世話をするべきでしょう。具体的には、対
価を求めずに入通院に付き添ったり、お母さんの老後の具体的な生活設計
を丁寧に説明してあげるなどの配慮が重要です。

　また、相談者がお母さんの財産を狙っているという誤解を招かないよう
注意する必要があります。遺言書の作成を頼むとしても、内容はお母さん
にまかせ、いちいち指図したり、内容を尋ねたりしないことです。そして、
可能なら、お母さんから相続人ではない第三者(友人、弁護士、税理士ら)
に相談してもらい、遺言書の作成を促してもらうのが理想です。遺言内容
についてのアドバイスまで視野に入れるなら弁護士に相談すべきでしょう。
できれば市役所などの法律相談にお母さんを同行し、内容についての相談
の場面では退席して、お母さん1人で弁護士に相談できるよう配慮して下
さい。

3　まとめ

　以上は、ある意味では、言うは易く行うは難い理想論です。なかには、
遺言書を書くと言いながら子どもたちを翻弄する高齢者もおられるので、
一筋縄ではいかないかもしれません。それでも、ここに書いたことを参考
にしていただいて、遺言書を書いてもらえるよう粘り強くお母さんを説得
して下さい。

> **設問**
> 自分で遺言書を書きたいのですが、市販の遺言書キットを使えば簡単に遺言書を作成できるのでしょうか。また、高齢者セミナーでエンディングノートを頂戴しましたが、これは役に立つのでしょうか。

> **回答**
> 遺言書キットもエンディングノートも使い方次第ですが、遺言の効力が問題となったり、紛争の発端になることもあるので注意が必要です。これらを使う場合、一度は弁護士に相談していただきたいです。

解説

I　遺言書キットの問題点

遺言書キットは、「初めての方でも簡単に遺言書を作成できる」というのが売りの商品で、その中身は自筆証書遺言の書き方の説明書、遺言書の文例、遺言書用紙、封筒などです。なるほど遺言書キットでは、自筆証書遺言の形式的要件を満たすよう工夫されているので、その説明書に載っているような典型例なら、簡単に遺言書を作成することができるかもしれません。

しかし、遺言書キットでは典型的な数例が挙げられているだけですが、そもそも遺言を残す事情や目的は人によって様々なので、相談者のケースが遺言書キットの典型例どおりとは限りません。説明書を読んで理解したつもりでいても、遺言の効果は文言や表現によっても変わってしまいますので、遺言書キットを使って思いどおりの効果を持つ遺言を作成することはとても難しいのです。

また、「遺言は難しいものではない」として自筆証書遺言を勧めている点も、弁護士からすると見過ごせません。自筆証書遺言そのもののリスク（紛失、偽造など）もさることながら、遺言くらいなら誰にも相談せず一人で作ることができる、と考えること自体が危ういのです。遺言書キットを用いる場合でも、一度は弁護士に見せて、相談されることをお勧めします。

なお、遺言書キットを利用した遺言書を書きかけて完成せずに終われば、

不完全な遺言（一部遺言など）や「遺言のようだが遺言でないかもしれない」ものがこの世に残ります。これも相続紛争の種になりますから、作りかけの遺言書を放置せず、途中で作成を断念したなら破るなどして完全に廃棄していただきたいです。

2　エンディングノートの問題点

　　エンディングノートは、人生を振り返って思い出を綴ったり、やがて迎える死に備え、自身の希望などを書き留めておくものです。書き留める項目としては、財産の内容、親族・友人の連絡先、葬儀・埋葬に関する希望、感謝の気持ちなどが代表的で、それは、相続が開始した場合に家族に面倒をかけずにすむといった点ではたいへん意味があるといえるでしょう。

　　ただし、備忘録として使うだけならいいのですが、エンディングノートに遺言めいたことを書くと問題になります。

　　たとえば、「私の財産」の項目や白紙の部分に「これは誰々にあげたい」などと書き込まれると、やはり「遺言のようだが遺言でないかもしれない」ものになってしまいます。もちろん、全文自筆等の自筆証書遺言の形式的要件を満たしていなければ遺言としては無効ですが、別に遺言書がある場合の解釈指針となったり、遺産分割で、被相続人の気持ちが問題になったりする可能性があって、紛争の原因になりかねません。

　　ですから、エンディングノートを利用される場合には、遺言と受け取られかねない紛らわしいことは記載せず、遺言書を書きたい場合は、これとは別に正式な遺言書を作成しておくべきでしょう。

3　その他の注意

　　さて、遺言書キットやエンディングノートは一人で利用するものなので、必要以上に相続人への気持ち（愛情、憎しみ、不満など）を綴ってしまいがちです。しかし、相続開始後、それが相続人たちの気持ちに波風を立て、相続紛争の原因になることになりますから、穏当な書き方にとどめるべきでしょう。

　　なお、家庭裁判所は、遺言書キットやエンディングイングノートに記載された「遺言のようだが遺言ではないかもしれない」ものでも、申請すれば検認してくれますが、検認手続によって遺言が有効になるわけではありません。

> | 設問 | 父の書斎で父自筆の遺言書を見つけました。兄が無理やり父に書かせたものらしく、兄ばかり有利な内容になっていて、到底納得できません。明らかに父の真意と異なる遺言書なので私が預かっておこうと思うのですがどうでしょうか。 |
> |---|---|

> | 回答 | 相談者がお父さんの遺言書を預かって隠すと、遺言書の隠匿として相続欠格事由に該当し、あなたはお父さんの相続人となることができなくなります。不満があるなら、お父さんに遺言書の書き直しをお願いするしかないでしょう。 |
> |---|---|

解説

I 相続欠格事由

民法891条は「次に掲げる者は、相続人となることができない」として、そのひとつ（5号）に「相続に関する被相続人の遺言書を偽造し、変造し、破棄し、又は隠匿した者」を挙げています。つまり、遺言書は遺言者の意思を表現する重要な文書として法律で保護されており、遺言書を偽造、変造、破棄、隠匿した者は相続人となる資格を失うのです（相続欠格）。

したがって、相談者が遺言書の内容に納得いかなくても、遺言書を預かってほかの相続人に対してその存在を明らかにしなかった場合は「隠匿」となって、相続資格がなくなります。

また、自分に有利なお父さんの遺言書を自ら作れば「偽造」、お父さんの遺言書を書き換えれば「変造」、捨てれば「破棄」として、いずれも相続欠格事由にあたりますし、その行為が私文書偽造罪や私用文書等毀棄罪などの刑法犯にあたることもあります。

したがって、これらのような相続欠格事由にあたる行為は、絶対にやめて下さい。

また、もし、本当にお兄さんがお父さんを脅迫したり騙したりして遺言書を作成させたのなら、お兄さんも「詐欺又は強迫によって、被相続人に相続に関する遺言をさせ、撤回させ、取り消させ、又は変更させた者」（民法891条4号）として相続資格を失いますが、その立証は難しいでしょ

う。

　なお、相続欠格となった相続人は被相続人の権利を承継できませんが、その相続人に子がいる場合は子が代襲相続します。

2　遺言の撤回、新しい遺言書の作成

　遺言者は、いつでも遺言の全部又は一部を撤回できますし、新しい遺言書を作成することもできます。

　ですから、相談者が遺言書の内容に不満があるなら、お父さんとよく話をして、自分に不利な部分を撤回してもらったり、新しく遺言書を作ってもらうべきでしょう。ただし、それもお父さんの自由な意思で行ってもらう必要がありますから、けっして無理強いをしてはいけません。

　なお、新しい遺言書を作成すれば、前の遺言の内容と抵触する部分については新しい遺言が優先し、抵触しない部分は前の遺言書が有効となります。

　また、お父さん自身が元の遺言書を破り捨てると、それは「遺言の撤回」とみなされますが、相談者としては、お兄さんから、相談者が元の遺言書を破棄・隠匿したと主張されるのを防ぐために残しておいてもらう方がよいでしょう。

3　複数の遺言書

　遺言書が複数ある場合には、日付の新しい遺言書が優先します。その意味でも日付は重要なのです。

　ただ、遺言の記載内容が不完全なものだと、相続開始後に、前の遺言書と抵触するかどうかが問題になることもあります。したがって、「〇年〇月〇日に作成した遺言の全部を撤回する」と明示したうえで、新しい遺言書を作成するべきです。この場合も、作成に第三者（公証人や証人）が関与する遺言公正証書の方式による方が望ましいでしょうし、自筆証書遺言を選択するなら、その様子をビデオで録画しておくことをお勧めします。

> 設問
>
> 父の死後、遺品を整理していたら、「遺言書」と書かれた封筒を見つけました。封筒の蓋（舌）は糊でしっかり綴じられ、その部分に父の印鑑が押されています。四十九日法要で親族に見せる前に、封筒の中身をあらためてはいけないのでしょうか。

> 回答
>
> 公正証書遺言と遺言書保管所保管の遺言書以外の遺言書は家庭裁判所での検認が必要です。封印された遺言書は、その検認期日に提出して開封してもらって下さい。

解説

１　封印のある遺言書

　民法1004条３項は、「封印のある遺言書は、家庭裁判所において相続人又はその代理人の立会いがなければ、開封することができない」としています。ここで、封印（封緘も同じ意味です）のある遺言書とは、封をした証拠として印鑑が押された遺言書のことで、設問の遺言書もこれにあたります。

　このように、封印された遺言書の開封に厳密な手続が求められるのは、中身のすり替えや偽造を防止する趣旨であり、封印された遺言書を家庭裁判所外で開封した者には５万円以下の過料が課されます（民法1005条）。また、封印された遺言書を勝手に開封したために遺言書が無効となった例もあります。

　したがって、このような遺言書を家庭裁判所外で開封することはできません。後述の検認期日に家庭裁判所で開封してもらうことになります。

　これに対して、封筒の蓋は綴じているが印鑑が押されていない場合（これを封入といいます）は、封印のある遺言書にはあたりません。しかし、後日のトラブルを避けるため、やはり家庭裁判所の検認期日の際に中身をあらためるべきでしょう。

２　検認

　遺言書の封の有無に関わらず、遺言書の保管者や遺言書を発見した相続

人は、遺言書を家庭裁判所に提出して検認手続を申請しなければなりません（民法1004条1項）。なお、公正証書遺言の場合と、遺言書保管制度を利用して法務局が保管している自筆証書遺言の場合には例外的に検認手続は不要です。設例の遺言書はこの例外にあたりませんので、相談者は、必ず家庭裁判所に検認手続を申し立てて下さい。

　検認は、遺言者の最後の住所地を管轄する家庭裁判所に申し立てます。申立てにあたっては、申立書や遺言書のほか戸籍謄本類、収入印紙、郵便切手などを提出しなければなりませんが、必要書類の詳細については家庭裁判所のホームページで確認して下さい。

　検認手続の申立てを受けた家庭裁判所は、検認手続を行なう期日を決めて相続人等の関係者に通知します。検認期日では、封印された遺言書の場合はこれを開封するなどして遺言書の保管状況や形状を確認します。そして、検認終了後、家庭裁判所は、遺言書に検認済証明書を付して保管者に返還し、それ以外の相続人らから申請があれば検認調書を交付します。検認済証明書付の遺言書や検認調書は不動産の相続登記や預金解約手続に必要になるので、大切に保管して下さい。

3　検認の効果

　検認手続は、相続人らに対して遺言の存在やその内容を知らせ、遺言書の形状や加除訂正の状態、日付・署名等の記載を確認して検認期日における遺言書の内容を明確にし、遺言書の偽造・変造を防止することを目的としています。ただし、遺言書の有効無効を判断するものではありません。

　したがって、家庭裁判所が検認の申立てを受理し、検認期日が開かれても、無効な遺言が有効に変わることはありません。遺言の有効無効を争う場合は民事訴訟で決着することになります。

4　自筆証書遺言作成の際の注意

　ここで述べた封印のある遺言書の取り扱いや検認の必要性などは、一般的にはあまり知られていません。

　ですから、自筆証書遺言を作成する際には、封筒に「遺言書」と記載して封印するとともに、「開封禁止」「検認必要」などと明記して、不用意な開封を禁じておくべきでしょう。

| 設問 | 私の父は入院中で、医師から余命半年と告げられました。父はまだ頭がはっきりしているので、今のうちにできることはしておきたいと思います。残された時間はわずかですが、どうすればいいでしょう。 |

| 回答 | お父さんのお気持ちに配慮しながら、お父さんの最後の希望をうかがい、できれば遺言書を作成していただくべきです。 |

解 説

1　終末期医療、葬儀、埋葬に関する意思確認

　終末期を迎えるにあたって生じる問題として、胃ろうなど延命治療の要否、葬儀、埋葬の方法、祭祀承継などがあります。

　これらについて、お父さんの希望を直接尋ねることは憚られるかもしれませんが、「何か聞いておくことはあるかな」というように意思確認していただければと思います。とくに、これらについて親族の間で意見が対立しそうな場合には、お父さんの意見を書面にしてもらって下さい。

　また、お父さんしか知らない財産、暗証番号、パスワードなどについても事前に教えてもらうべきです。

2　遺言の必要性

　お父さんが遺産の分け方についても言及した場合には、会話で終わらせず、遺言書を作成してもらって下さい。遺産分割の際に相続人間で揉めそうな場合には、むしろ積極的に遺言書の作成をお願いするべきです。

　その際には、①お父さんの遺産を誰が相続するかはお父さん自身が決めてほしい、②遺言書を作成してくれれば、お父さんの気持ちが間違いなく残された家族に伝わる、③遺言がなければ家族（法定相続人）が遺産分割で揉めてしまう可能性がある、④遺言書の作成は格別難しいことではなく、病室に弁護士を呼んで相談できるし、公証人を病室に呼んで作ってもらえる、⑤遺言書の作成に自分は立ち会わなくてもいいので、弁護士や公証人

にはすべてを正直に話してほしい、といったことを説明して下さい（☞テーマ41）。

3　遺言書の作成

　お父さんが遺言書を作成する気になってくれた場合、その方法としては、大別して公正証書遺言、自筆証書遺言の2通りがあります（☞テーマ45）。

　まず、相続紛争が起きる可能性が高い場合は、公正証書遺言を選択すべきです。公正証書遺言を作成するには、弁護士を病室に呼んでお父さんの希望をよく聞いてもらい、弁護士が作成した遺言書の草案にお父さんが同意するなら、後日、公証人を病室に呼んで公正証書遺言を作成してもらいます。その過程では、可能な限り、不動産や預貯金などお父さんの財産状況を確認しておくべきですし、弁護士には生前贈与などの事情も説明しておくべきでしょう。この方法では若干の出張費用が必要ですが、手間をかけてお父さんの意思を確認し、複数の専門家を関与させた分だけ、後日の紛争を予防することができます。

　つぎに、自筆証書遺言は、お父さんが文字を書ける状態であることが前提です。しかし、形式的な要件を満たしていても、死期が迫った状態で遺言者が病室で書いた自筆証書遺言は、遺言能力に問題があるとか強要されたもので無効であるとの主張を招きやすく、しばしば紛争の種になります。したがって、公正証書遺言を作成する時間的余裕がなく自筆証書遺言を選択する場合でも、弁護士に立ち会わせ、遺言作成時の状況をビデオ撮影するなどして紛争に備えるべきでしょう。なお、自筆証書遺言書保管制度は、遺言者自らが法務局に出頭しなければならないので（代理申請不可）、お父さんが入院中であれば利用できません（☞テーマ37）。

　これらの手続が間に合わず、お父さんに死亡の危急が迫った場合には、証人3人の立会いの下で口授する方法で作成する危急時遺言（民法976条）もありますので、弁護士にご相談下さい。

4　死亡後の対応

　お父さんがお亡くなりになった後は、故人の希望に従って粛々と葬儀、埋葬をすませ、その後に相続に関する話し合いをするべきでしょう。遺言書があり、その内容が明確で、遺言執行者まで決まっていれば、その後の紛争のほとんどは回避することができるはずです。

> **設問** 私には長女と長男がいますが、長男は何かにつけて私に反発し、結婚後は顔も見せなくなって、20年以上音信不通です。私としては世話をしてくれる長女にすべてを相続させ、長男には何も残したくないのですが、長男を相続人から外すことはできませんか。

> **回答** 家庭裁判所の廃除の審判を受ければ長男を相続人から外すことができます。ただ、廃除が認められるのは極めて例外的な場合に限られますので、設例の事情だけで廃除の審判を受けることは難しいでしょう。

解　説

1　廃除

　相談者が「長男には何も相続させたくない」と考えて「長女にすべての遺産を相続させる」との遺言書を作成しても、遺留分を有する推定相続人（この場合は長男）は、遺留分侵害額請求によって一定の遺産を取得することができます。また、相談者がすべての遺産を長女に生前贈与しても、長男からの遺留分侵害額請求の可能性は残ります（民法1044条）。そこで、「長男には何も相続させたくない」という相談者の目的を実現させるには、長男の相続人としての資格そのものを奪ってしまうしかありません。

　廃除は、遺留分を有する推定相続人（☞**テーマ48**）が、被相続人に対して虐待したり、重大な侮辱を加えたり、その他著しい非行をした場合に、被相続人の意思に基づいて、その相続人の相続人としての資格を剥奪する制度です（民法892条）。

　したがって、相談者としては、長男を相続人から廃除する方法を検討することになるでしょう。

2　廃除の要件

　もっとも、廃除が認められるためには、推定相続人において、①被相続人に対する虐待、②被相続人に対する重大な侮辱、③その他の著しい非行（おおまかにいえば、犯罪、被相続人の財産の浪費、素行不良等）のどれかに該当する事実が必要です。

この点、「長男から罵倒された」「暴力を振るわれた」「言うことを聞かない」といった主張があっても、「よくある親子喧嘩の範疇であって廃除の要件を満たさない」と判断されることが少なくありません。廃除は、相続人としての資格を強制的に剥奪する制度ですから、家庭裁判所は廃除の事由の認定には慎重な態度をとっているのです。たとえば、令和3年の司法統計では「推定相続人廃除およびその取消し」事件の申立が208件あるのに対して、家庭裁判所が廃除を認容したケースは42件しかありません。

つまり、誰が見ても「これはひどい」と感じるものでなければ廃除は認められないと考えて下さい。

3 廃除の手続

廃除の手続には、被相続人が生前に家庭裁判所に審判を申し立てる「生前廃除」と、被相続人の死亡後に遺言執行者が家庭裁判所に申し立てる「遺言廃除」の2通りがありますが、後者では被相続人本人が亡くなっているので廃除の要件の立証はきわめて困難です。したがって、生前廃除の方法によることを強くお勧めします。

どちらの方法でも、家庭裁判所は、廃除の理由となる虐待や侮辱の事実の存否、被相続人の思い、相続人の改心の状況等を、提出された資料や廃除を求められた相続人からの陳述内容等に基づき、総合的に判断することになります。

4 廃除の効果

廃除の審判がされれば、その対象者は相続人としての資格を失います。生前廃除の場合はその効力は審判確定によって生じ、遺言廃除では相続開始時に遡ってその効力が生じます。そして、廃除の審判が確定したら10日以内に役所に相続人廃除の届出をすることで、戸籍謄本に推定相続人廃除の旨が記載されます。

なお、廃除された相続人に子がいる場合は子が代襲相続します。したがって、相談例で長男を相続人から廃除できたとしても、長女が唯一の相続人となるわけではなく、長男の子である孫が代襲相続しますので、遺留分権利者となる孫の遺留分侵害額請求までは封殺できません。これらのことを理解したうえで、生前廃除を行なうかどうかを判断していただきたいと思います。

設問

母からかわいがられていた姉は「私はもう十分にしてもらったので、母が死んでも遺産はいらない」と言っていますが、口約束では信用できません。姉の言葉を確定させるためにはどうすればいいですか。

回答

お母さんの生存中に、お姉さんの相続権を確定的に失わせる制度はありません。ただ、遺留分放棄の制度を利用し、あるいは特別受益の証拠を作成しておけば、お母さんの相続時にお姉さんが遺産を承継しないようにできるかもしれません。

解説

1 相続放棄、相続分の放棄、相続分の譲渡

設例のようなケースで、ときおり「今のうちに姉に『相続を放棄する』とか『相続権がないことを証明する』という趣旨の書面を作ってもらえばいいのではないか」といった質問を受けることがあります。しかし、そのような書面を作っても、その相続人の相続権を失わせる法的な効力はありません。

というのも、相続放棄は相続開始後に被相続人の相続の権利義務を放棄する制度で、被相続人の生存中に相続放棄することはできないからです。同様に、相続人の相続権は相続開始によってはじめて発生するので、相続開始前に、相続分の放棄や相続分の譲渡をすることもできません。

2 遺言書の作成と遺留分の放棄

そこで、設問では、お母さんに、お姉さんに遺産を与えないという内容の遺言書を書いてもらうことが考えられます。ただし、お姉さんは遺留分権利者ですから、お姉さんには遺産を相続させない旨の遺言書を作成しても、お姉さんから遺留分侵害額請求される可能性があります。そこで、このような遺言書とともに、お姉さんにはあらかじめ遺留分を放棄してもらう必要が生じます。

民法1049条は「相続の開始前における遺留分の放棄は、家庭裁判所の許可を受けたときに限り、その効力を生ずる」と定め、相続開始前の遺留分

の放棄を認めています。家庭裁判所の許可が必要とされているのは、被相続人や他の相続人からの不当な干渉を防止するためです。

こうして、お母さんによる遺言書の作成と、お姉さんによる遺留分の放棄の組み合わせることによってはじめて、お母さんの生存中に、お姉さんに遺産を承継させないよう手当することができます。

ただし、遺留分の放棄はあくまで「遺留分」の放棄にすぎず、相続人の法定相続分を完全に失わせるものではありません。したがって、お姉さんが遺留分の放棄に応じてくれても、被相続人が遺言書の作成に協力してくれない場合や被相続人に遺言能力がない場合には、この方法による効果は期待できません。また、お母さんが遺言書を書き直した場合には、その内容に従うほかありません。

3　生前贈与と遺留分の放棄

つぎに、遺言書の作成以外に、今のうちにお母さんから相談者が生前贈与を受けておくという方法が考えられますが、この方法でも、相続開始後に、お姉さんから遺留分侵害額請求を受ける可能性は残ります。したがって、このリスクを回避するためには、やはりお姉さんに遺留分の放棄をしてもらう必要があるでしょう。

4　特別受益の証拠を残す

このように、被相続人の存命中に特定の相続人の相続権を無効化するのは容易ではありません。また、お母さんが遺言書の作成を拒絶し、あるいは、お姉さんが遺留分の放棄を嫌がるかもしれません。

ただ、設例で、お姉さんは「私はもう十分にしてもらったので」と言っているのですから、それなら「私はお母さんから○○年に○○円をもらったので、相続権を主張しません」と一筆書いてもらって下さい。これによってもお姉さんの相続権がなくなるわけではありませんが、お姉さんに特別受益があったことを証明できますし、かりに遺留分侵害額請求を受けたとしても、お姉さんが贈与を受けた額をそのまま控除することができるからです（民法1046条2項1号）。

このように、本設例はきわめて難しい法律問題を含みますので、ベストの方法を選択するためには、弁護士への相談が不可欠だと考えます。

テーマ｜48 遺留分

設問
母は、令和5年に「すべての財産を兄に相続させる」という遺言を残して亡くなりました。父はすでに他界し、相続人は兄と私だけです。私は相続権を主張できないのでしょうか。

回答
被相続人の子である相談者には遺留分があり、お母さんの遺言はその遺留分を侵害しています。したがって、相談者は、お兄さんに対して、遺留分侵害額を支払うよう請求できます。

解説

1 遺留分とは

遺留分とは、法律上、兄弟姉妹及びその子を除く法定相続人（遺留分権利者）が、遺産の中から自分の取り分として確保することを認められている部分のことをいいます。

遺留分の総額は、「遺留分を算定するための財産の価額」の2分の1（直系尊属のみが相続人である場合は3分の1）で、相続人が数人ある場合には、各相続人の遺留分は、これに法定相続分を乗じて決められます（民法1042条）。なお、「遺留分を算定するための財産の価額」は、被相続人が相続開始の時において有した財産の価額にその贈与した財産の価額を加えた額から債務の全額を控除した額とされます（民法1043条。☞テーマ49）。

たとえば設例で、お母さんが誰かに贈与した事実がなく、債務もなく、相続時における財産が2000万円だったとすると、遺留分の総額は1000万円で、相談者の法定相続分は2分の1ですから、相談者には500万円の遺留分があることになります。

2 遺留分を侵害されたら

遺留分権利者が、被相続人による遺言や贈与などによって遺留分の額を取得できなかった場合、遺留分を侵害した受遺者（遺言によって遺贈を受けた者や財産を取得することになる相続人）または受贈者（被相続人から贈与を受けていた者）に対して、遺留分侵害額に相当する金銭の支払いを請求することができます（民法1046条）。なお、相談者が請求できるのは

あくまで金銭の支払いに限られ、たとえばお兄さんが不動産を取得した場合であっても、その不動産に関する権利を主張することはできません。

　設例では、お兄さんは遺言によってお母さんの遺産すべてを相続しますから上述の受遺者にあたり、さらに、相談者は（上記の仮定では500万円の）遺留分を侵害されたことになるので、相談者は、お兄さんに対して、同額の支払いを請求することになります。

3　遺留分侵害額請求の方法

　さて、遺留分侵害額請求は、遺留分権利者が自分のために相続が開始したこと及び遺留分を侵害する贈与や遺贈があったことを知ったときから1年以内に請求の意思表示を行なわなければ、時効によって消滅します。また、相続開始から10年が経過したときも請求できなくなります（民法1048条）。

　このように遺留分侵害額請求権は基本的に1年という短期間で消滅しますから、早めに請求の意思表示をして時効の進行を止めておくことが必要不可欠です。また、その意思表示を行なったことが明確になるように配達証明付き内容証明郵便を利用するべきでしょう。ただし、その場合も請求後5年で時効にかかるので注意して下さい（民法166条1項1号）。

　設例の場合、相談者がお兄さんに遺留分侵害額を請求し、お兄さんがこれに応じてくれればよいのですが、請求を拒否されたなら、お兄さんの住所地を管轄する家庭裁判所に遺留分侵害額を請求する調停を申し立てるか、あるいは相談者の居住地の地方裁判所に遺留分侵害額請求訴訟を提起することになります。実の兄に対してそのような行動を取るのはためらわれるかもしれませんが、時効の問題を考えれば放置は厳禁です。

4　遺留分侵害を内容とする紛争

　この設例は、遺留分侵害のもっとも単純なケースですが、現実には「遺留分を算定するための財産の価額」（遺留分の基礎財産）の範囲や評価をめぐる争いに発展することが少なくありません（☞テーマ49）。

　したがって、遺留分侵害が問題になる場合は、早めに弁護士に相談されることをお勧めします。

> 設問
>
> 母は遺言書を書かないまま亡くなりましたが、蓋を開けてみると10年前にあった母の財産はほとんどなくなっていました。母は、姉に財産を生前贈与したか、晩年傾倒していた団体Ａに財産を寄付したのに違いありません。こんな場合、遺留分侵害額請求はできないのでしょうか。

> 回答
>
> 遺留分侵害額請求権は、遺留分をもつ相続人が被相続人から得た財産の額が遺留分の額に達しないときに発生します。その点を確認するために、まず、遺留分の基礎となる財産を確認する必要があります。

解説

Ｉ　遺留分の基礎財産

　テーマ48で述べたように、遺留分の総額は原則として「遺留分を算定するための財産の価額」に２分の１を乗じた額になり、遺留分権利者である相談者の遺留分の額は、これに法定相続分（相続人が姉と相談者だけなら２分の１）を乗じたものになります。

　ここで、「遺留分を算定するための財産の価額」（遺留分算定の基礎財産）は、「相続開始時に有していた財産」に「贈与した価額」を加え、「債務全額」を引いて計算しますが、この計算にはいくつかのルールがあります。

　まず、「相続開始時に有していた財産」には、遺言によって遺贈されたり死因贈与された財産も含まれます。

　つぎに、「贈与した価額」には、①相続人以外に対する贈与の場合は相続開始前１年以内にした贈与、②相続人に対する贈与の場合は相続開始前10年以内にしたもので、かつ、特別受益となる贈与、③被相続人と受贈者の両方が遺留分権利者に損害を加えることを知って行なったすべての贈与が対象になります（民法1044条）。

２　設問の場合の検討

　設問の場合、お母さんからお姉さんに対する贈与や団体Ａに対する寄付が、前述のルールによって「贈与した価額」にあたるかどうかが問題にな

ります。

　まず、お姉さんへの贈与は、②相続人に対する贈与なので、相続開始前
10年以内にされた特別受益となる贈与であれば「②贈与した価額」に含ま
れます。ただ、一般に、相続人への贈与は特別受益とされることがほとん
どなので、相続開始前10年以内のお姉さんへの贈与は、基本的に「贈与し
た価額」にあたると考えてよいでしょう。

　つぎに、団体Aへの寄付は、①相続人以外に対する贈与なので、相続開
始前1年以内にされたものでなければ「贈与した価額」に含まれません。
相続開始前1年より前の寄付である場合には、③の要件に該当するかどう
かを判断することになります。

　このようにして、遺留分の基礎財産を計算し、相談者の遺留分の額を計
算することになります。

3　生前贈与の調査

　しかし、もっとも難しいのは、こうした贈与の事実を調査し、明らかに
することです。

　たとえば、不動産の贈与なら登記簿謄本（全部事項証明書）を取得して
贈与の有無を調査します。また、預貯金であれば、口座があった金融機関
で被相続人の取引履歴や振込伝票を開示してもらって、贈与の事実が判明
するかもしれません。とはいえ、こうした贈与は、口座間の振込ではなく
現金で行なわれる場合も少なくありませんし、被相続人の取引履歴に疑わ
しい現金出金の記録があっても、受贈者の口座にその直後に同金額の入金
があるといった事実が判明しない限り、贈与を特定するのはきわめて困難
でしょう。

　したがって、設問の場合も、お母さんからお姉さんに対する贈与や団体
Aへの寄付を明らかにすることができるかがカギになりますし、そのため
には弁護士に相談していただくべきだと考えます。

4　遺留分侵害額請求の減額

　さて、遺留分減殺額を請求する相続人も、実は生前贈与をもらっていた
ということがあります。この場合はそれが10年以上前のことでも減額対象
となるので注意して下さい（民法1046条2項1号）。

テーマ | **50** ▶ 遺言書を書くタイミング

> **設問** 最近、私の同僚が突然亡くなりました。私は妻と自宅で暮らす59歳の会社員で、長男は海外赴任中、長女は就職したばかり、次男は大学浪人中です。私もそろそろ遺言書を書くべきでしょうか。

> **回答** 一般論としては早めに遺言書を書くべきですが、各人、各家庭の状況に応じて遺言の必要性を検討するべきでしょう。

解 説

I 相続紛争の予防

遺言がないままに相続が開始すれば遺産分割協議が必要ですが、相続人それぞれの言い分が異なって紛糾すると遺産分割協議がまとまりません。そこで、最初からそのような事態が予想されるなら、遺言書を書く必要性が高いといえます。

たとえば、子がいなくて配偶者と被相続人の兄弟姉妹が相続人になる場合、内縁の夫婦や相続人の1人が行方不明の場合、事業承継、再婚、養子、介護などの要素が絡む場合などがこれにあたります。逆に、相続人が子1人だけのときや、配偶者と子ども1人だけで問題がない場合は、相続紛争防止のために遺言書を作成する必要性は乏しいでしょう。

設問のケースでは、3人の子がいること、相続開始時に長男が海外にいる可能性があること、自宅不動産の承継が問題になりそうなことから、一般的には遺言書を書く必要があるケースといえます。

2 手続の簡略化

つぎに、遺言書を書くことで相続手続の手間をある程度省くことができ、これも遺言のメリットです。

たとえば、遺産分割協議では相続人全員の話し合いが必要ですが、相続人が多く、近くに住んでいない場合は、一堂に会しての話し合いはそれ自体が負担です。自宅や動産などの金銭的価値も問題になるでしょう。遺産分割がまとまった場合も、相続人全員が遺産分割協議書に署名捺印し、印

鑑証明書を添付しなければなりません。また、遺産分割協議がまとまらず、調停、審判に進めば時間と費用がかかります。

　これに対して、遺言ですべての遺産の処分を決め、さらに遺言執行者を定めておけば、相続人は話し合う必要がなく、遺言の執行を待つだけでよいことになります。したがって、遺産分割で揉める可能性が高いケースほど、遺言書を書く必要があるのです。

3　遺言書を書くタイミング

　遺言書を書く時期は早ければ早い方がよい、というわけでもありません。相談者は59歳の男性ですから平均余命は約25年で、25年後にはいろいろな状況が変わっているはずだからです。

　たとえば、奥さんや子どもの方が先に亡くなっているかもしれません。長男、長女、次女がどこでどのように暮らしているか想像がつきません。相談者ご夫婦も定年を迎えて、その後どのように生活されるかも不透明です。自宅を売って施設に入っている可能性もありますし、相談者の財産が目減りしているかもしれません。もともと25年先の将来を見通すことは困難なのです。

　そうすると、現時点で遺言を書くとすれば、先に奥さんが亡くなっていた場合にはどうするとか、自宅が残っていた場合には誰に継がせるといった条件（予備的遺言）をたくさんつけておかないと正確な遺言になりません。また、遺言は何度でも書き直せますが、遺言書を書き直すのは案外億劫なものです。そして、相続の際に、20年も前に書いた実情に合わない遺言書が見つかるという笑えない話になりかねません。

　ただし、そうはいっても、いつまでも遺言を書かないと認知症を発症して遺言能力を失ってしまうこともあります。60歳代は癌の好発年齢ですし、心疾患、脳血管疾患、不慮の事故等に見舞われれば、遺言を書くチャンスを失うリスクもあります。

　したがって、ご自身の健康状態や病気のリスクを考え、家族全員の生活の見通しが立った段階になれば、タイミングを逃さずに遺言書を書くことが望ましいといえるのではないでしょうか。

設問 銀行の担当者から「遺言信託」を勧められています。説明を聞くかぎり良さそうに思えるのですが、何か問題がありますか。

回答 銀行が勧める「遺言信託」とは相続手続全般に関するサービスを表す銀行の商品名で、信託法上の信託ではありません。その長所と短所を理解して、あなたのニーズに合うかどうかを判断して下さい。

解 説

1 信託法上の遺言信託

　「信託」とは、自分（委託者）の財産の管理運用を、誰か（受益者）のために、誰か（受託者）に信じて託する法律行為です。そして、信託法上の「遺言信託」とは、委託者が遺言によって信託を設定することをいいます（信託法3条2号）。この信託法上の遺言信託は、たとえば1人で自立した生活をすることができない子がいる親が、自身の死後のことを憂い、相続財産の管理を受託者に任せ、その子（受益者）に定期金を給付させるといった目的を達するなどの手段として用いられます。

2 金融機関の商品としての遺言信託

　これに対して、設問のように、銀行（信託銀行・信金などの金融機関を含みます）が一般的に勧める「遺言信託」は、遺言書の作成やそのための相談、遺言書の保管、遺言の執行などを内容とするサービスの名称で、信託法上の遺言信託ではなく、銀行以外の者でも行うことができます（以下、このような遺言信託を「商品としての遺言信託」と呼びます）。

　たとえば、遺言書の作成、アドバイスや遺言執行業務は、多くの弁護士、税理士、司法書士が一般的な業務として取り扱う内容と変わりません。また、公正証書遺言は公証役場が、自筆証書遺言は遺言書保管所が預かってくれますから、毎年手数料を支払って銀行で保管してもらう意味はありません。

　したがって、商品としての遺言信託を利用する実益は、信用のある銀行

にすべてを任せて楽ができることにあるのではないかと思います。

3　遺言書作成の目的

　多くの場合、遺言者は、相続紛争を予防する目的で遺言書を作成します。

　この点、たとえば弁護士なら、日常的に遺産分割調停や審判、遺留分侵害額請求や遺言無効の訴訟等に代理人として参加しますから、将来、どのような紛争が生じ、何が論点となり、どのような帰結を迎えるかについてのノウハウを持っています。だからこそ、遺言書作成の相談を受けた場合でも、これらのリスクを客観的かつ具体的に評価し、その対策を遺言書に盛り込むことができるのです。

　これに対して金融機関には紛争予防のノウハウがないため、富裕層を対象とした節税対策のアドバイスが中心となり、紛争予防に対する細かい配慮を忘れてしまいがちです。したがって、商品としての遺言信託には、そのような特徴があることも理解しておく必要があります。

4　「商品としての遺言信託」について検討事項

　以上から、商品としての遺言信託を検討する場合には、以下の3点に注意して下さい。

　まず、遺言書を作成した後も相続開始までにはいろいろな状況の変化が予想されます。そこで、銀行が勧める遺言書で、そのすべてに対応できるのかを確認して下さい。

　つぎに、商品としての遺言信託では銀行自らが遺言執行者になるのが通例ですが、相続開始後に相続人から遺言の効力や遺言の解釈について異議が出ると銀行は遺言執行者に就職できないというルールがあります。銀行が退出した後、相続紛争が具体的にどうなるのかについても確認して下さい。

　また、銀行はホームページで遺言信託の手数料を公開していますが、遺言執行の報酬については最低額を設定しており、遺産が少ない場合にはこれが負担になります。その報酬の算定根拠についても、遺産がどのような基準で評価されるのか、債務は報酬計算の基礎から控除されるのかなどを具体的に確認して下さい。なお、投資信託等の購入を勧められるかもしれませんが、不要不急であればお断りいただいてかまいません。

> 設問
>
> 夫はすでに亡くなり、3人の子がいます。遺留分に気をつけて長男に私の財産の3分の2を相続させ、次男と三男に6分の1ずつ相続させる遺言を書こうと考えていますが、どうでしょうか。

> 回答
>
> この遺言はいわゆる「相続分の指定」ですが、あらためて遺産分割手続が必要になり、かえって相続人間の紛争を誘発することになるので、お勧めできません。

解　説

1 相続分の指定

遺産全体に対して各相続人が有する権利義務の取得割合を「相続分」といいます。一応の相続分は民法で定められており、これを「法定相続分」といいます（民法900条、901条）。設例の場合、3人の子供たちの法定相続分は各3分の1ずつです。

もっとも、法定相続分は絶対的なものではなく、被相続人は、遺言で、各相続人の相続分を指定することができます（相続分の指定。民法902条）。遺留分を侵害する内容の相続分の指定も有効です。これによって指定された相続分（指定相続分）は法定相続分に優先し、必ず遺言でしなければなりません。

なお、遺言で相続分を指定した場合、被相続人の預貯金や不動産などの資産だけでなく、借金などの債務も指定相続分に応じて相続されます（民法899条）。ただ、相続債務の債権者が相続分の指定の効力を承認せず、法定相続分に従った債務の履行を求めたときは、これに応じなければなりません（☞テーマ20）。

2 遺産分割手続

相談者は、3人の子のうち長男には特別の思いがあり、長男により多くの財産を残そうと考えているのでしょうが、設問のように遺言で相続分を指定しただけの場合、遺産は原則として共同相続人の共有（準共有）状態になり、個々の遺産の帰属先は確定しません（民法898条）。そして、誰が

どの遺産を相続するかについては、指定相続分に基づいて、共同相続人間であらためて遺産分割協議を行い、協議がまとまらなければ遺産分割調停や審判手続で決めることになります。

　そうすると、このような遺言を残した場合、遺言で遺留分相当額しかもらえないと宣告された次男や三男に不満がたまり、遺産分割の協議は、自宅や動産の価値や特別受益の有無などをめぐって紛糾することになりかねません。したがって、相続分を指定するだけの遺言では、相続紛争を予防することができません。

3　遺産分割方法の指定・遺贈

　さて、遺言による財産処分の方法としては、相続分の指定以外に遺産分割の方法の指定（民法908条）、遺贈（民法964条）があり、これらの方法によって、紛争リスクを低減させることができます。

　たとえば、「〇〇所在の自宅は長男に相続させる」とか「〇〇銀行〇〇支店の定期預金××××は長男に相続させる」と遺言に具体的に記載しておけば、その遺産は確実に長男に相続させることができます。このような遺言は遺産分割の方法の指定の一種で（「特定財産承継遺言」といいます）、すべての遺産について相続する者を定めることにより、かなりの確率で紛争を予防できるはずです。なお、遺贈には包括遺贈と特定遺贈がありますが、特定遺贈の形式をとっても上記と同じ処理ができます（☞テーマ40）。

　ただし、このようにして遺産を相続させた場合、法定相続分を超える部分については対抗要件（不動産の所有権移転登記など）を備えなければ債権者などの第三者に対抗できません（民法899条の2）。

4　清算型の遺言・遺贈

　もっとも、相続開始時の各遺産の有無や価値を正確に予想することは困難です。そして、相談者が、特定の遺産の承継にこだわりがなく、あくまで長男に遺産の3分の2を残したいと希望するなら、「遺言執行者に全遺産を換価売却させ、経費を差し引いた残額を長男に3分の2、次男と三男に6分の1ずつの割合で相続させる（遺贈する）」という内容の遺言を作成するべきでしょう（清算型遺贈）。遺産がすべて金銭に変われば、割合的な相続も実現可能となるからです。ただ、この方法だと、遺産の換価売却手続によって課税関係が生じる可能性があるので、その点には注意が必要です。

> 設問
>
> 夫が亡くなり、長男が私と同居してくれていますので、自宅は長男に継がせたいと思い、そのことだけを書いた遺言書を作りました。そのほかの財産は、長男、次男、三男が話し合って分けてくれればいいと思っていますが、何か問題があるでしょうか。

> 回答
>
> 相続財産の一部だけを対象とした遺言（一部遺言）は、その財産を承継する相続人とそれ以外の相続人との間で感情的対立を招き、遺産分割でもめる可能性があります。

解説

1 一部遺言と遺産分割手続

　相続財産のすべてを対象とせず、特定の財産だけを対象とした遺言を「一部遺言」といいます。遺言者は遺言で処分する財産の範囲を自由に決めることができますので一部遺言も有効です。

　設問のような遺言を残した場合、遺言書に記載された遺産（自宅）は長男に承継されますが（特定財産承継遺言）、それ以外の遺産は原則として共同相続人の共有（準共有）となり、個々の財産の帰属先は未確定のままです。したがって、その最終的な帰属先を決めるためには、あらためて遺産分割協議または遺産分割調停・審判が必要になります。

　もっとも、自宅の価格が遺産全体の価値の大半を占める場合、設問のような一部遺言では、長男だけが優遇されることとなり、次男、三男が快く思わず遺産分割手続が紛糾し、長期化するおそれもあります。兄弟間で感情的対立が激しい場合には、長男が母を騙してこのような遺言を書かせたなどとして、遺言の無効を主張されるおそれすらあります。

2 遺留分に注意

　兄弟姉妹以外の相続人には遺留分が保障されていますので、遺言によって遺留分を侵害された場合、利益を受けた相続人等に対して、遺留分侵害額に相当する金銭の支払を請求できます（民法1046条1項）。そして、自宅を相続した長男が次男と三男に対して遺留分侵害額を金銭で支払えない

場合には、支払資金捻出のために自宅を売却せざるを得ない事態に追い込まれることもあります。

　したがって、確実に自宅を長男に相続させようと思うなら、次男と三男の遺留分を侵害しないかを確認し、その遺留分を侵害してしまう可能性がある場合は、その対策も必要です。たとえば、長男を生命保険の受取人に指定しておけば、その生命保険金は原則として遺留分の基礎に算定されないので、これを遺留分侵害額請求に対する原資とすることができます。

3　全部遺言の必要性

　遺言を書く最大のメリットは、共同相続人による遺産分割が不要になることですから、さらに遺産分割が必要になる一部遺言は望ましくありません。これは相続分を指定する遺言（☞テーマ52）の場合と同様です。

　厳しい言葉になりますが、一部遺言は問題の先送りにすぎません。遺言を書くときは、遺産分割手続の余地を残さないよう遺産のすべてを対象とする「全部遺言」を書いて下さい。

　もっとも、遺言書を書いてから相続開始するまでには時間がありますから、その間に財産が増えるかもしれません。また、家財道具など遺言書に網羅的に記載することが困難な財産もあるでしょう。そのような場合に備えて、「本遺言書に記載のない一切の財産は○○に相続させる。」といった包括条項を忘れずに付け加えて下さい。また、遺言の内容が相続人間の不平等をもたらす場合には、そのような遺言を書く理由について付言事項として記載することも考えられますが、遺言で不利になる相続人の気持ちを逆なでしないよう気をつけて下さい（☞テーマ58）。

　以上のように考えると、遺言書を正確に書くという作業は、簡単ではありません。さらに、全部の遺産を漏れなく記載した遺言書を書いても、遺言能力や生前贈与（特別受益）が問題とされることもあります。したがって、遺言書を書く場合には、一度は弁護士に相談していただきたいのです。

設問
　遺言書を書いていても、むしろそれが原因で子どもたちが争いになることもある、と聞きました。紛争を避けるためにどのような遺言書を書くべきか、どのように子どもたちと接するべきか教えて下さい。

回答
　相続紛争の予防のために遺言は重要ですが、遺言書さえ書いておけば安心というわけではありません。遺言が不完全だったり、遺言能力を疑われたり、遺留分侵害額請求を招いたりする可能性を払拭することはできないからです。紛争を予防するためには、子どもたちとの接し方にも注意する必要があります。

解　説

I　子どもたちとの接し方

　まず、複数の子どもがいる場合には、日ごろから、子どもたちと公平・平等に接するよう心掛けて下さい。相続に関する紛争では当事者の依頼人から「母は妹だけを贔屓し、私には冷たかった」といった昔話をよく聞きますが、そのような記憶や感情が紛争の原因になります。

　つぎに、高齢になり、病気や怪我で自立できなくなった場合には、つい子どもたちに頼りたくなるものですが、そのときの気分次第で態度や話す内容を変えないで下さい。たとえば、同居していない次男に「(同居している) 長男は私のお金を取り上げて自由にさせてくれない。頼りになるのはあなただけ」と不満を語る一方で、長男に対しては「次男は嫁の言うなりで自分の都合のよいときしか帰ってこない。頼りになるのはあなただけ」と文句を言ったりしていると、長男と次男はお互いに相手を信用しなくなりますから、相続紛争の原因を作ることになります。そして、こうした事情があると、遺言書を書いていた場合でも、「直接母から聞いていた話と違う。母がそんな遺言を書くわけがない」、「この遺言は、認知症が進んでいた母に無理やり書かせたものだから無効だ」といった争い (遺言無効訴訟など) に発展しかねません。つまり「紛争の責任は親にあり」というわけです。

また、高齢になると財産だけが頼りだと思いがちで、多額の現金を手元に置いたり、隠したりすることも見受けられますが、相続開始時に遺産の内容が明らかになっていないと「姉が使い込んだ」とか「妹が持ち帰った」というように疑われかねません。これも相続紛争（遺留分侵害額請求など）の原因となりますから、疑心暗鬼を生じさせないために、どのような財産があるか、誰に何を生前贈与したかなどについて、子どもたちに説明しておいた方がよいでしょう。

2　紛争を避けるための遺言書

　遺言書を書く場合も、紛争を招かないためには、いくつかの注意が必要です。

　第一に、遺言書の内容については、誰が読んでもはっきりわかるように、すべての財産の処分を確定的に決めていただきたいです。たとえば、遺言書が相続分の指定にとどまる場合（☞テーマ52）や処分を決めない財産がある場合（☞テーマ53）は、あらためて遺産分割が必要ですから、遺産分割協議という紛争の土俵を提供することになります。また、遺言が発効するのは遠い将来なので、そのときに子どもたちが先に亡くなっていた場合や遺産の内容が変わっていた場合に備えて、予備的遺言を追加しておくべきでしょう。こうしておけば、遺産分割という手続は不要になります。

　第二に、遺言書による遺産の処分は法定相続分を考慮し、子どもたちにとってなるべく公平なものにすることをお勧めします。もちろん、法定相続分どおりにしたくない場合もあるでしょうが、かりに遺言書の内容が遺留分を侵害していれば、それを侵害された子ども（遺留分権利者）から遺留分侵害額請求を主張される可能性がありますので、注意して下さい（☞テーマ48）。なお、遺言書作成後に財産が大きく変動する可能性がある場合や、特定の子どもに多額の生前贈与をしている場合などでは、さらに細心の注意が必要です。

　第三に、遺言書を作成する際には、遺言能力が疑われたり、特定の相続人から誘導されたとかの疑いを招かないようにしておくべきです。特定の相続人に相談したり手助けを頼むことはひかえて、弁護士等専門家の第三者に相談し、形式としても、公証人が作成する公正証書遺言を利用されることをお勧めします。

> 設問
> 施設に入所中の母に遺言書を書いてくれるよう頼み、母も承諾してくれました。ただ、最近、母は物忘れがひどく、どうやら認知症のようです。このような場合、母は遺言書を作成できないのでしょうか。

> 回答
> お母さんの認知症の程度や内容によっては遺言能力を欠き、遺言が無効となる可能性があります。認知症の疑いのある方が作成した遺言については、遺言能力がないとして紛争になることが多いので、遺言書を作成してもらう前に、ぜひ弁護士に相談して下さい。

解説

I 遺言能力と認知症

遺言書は、高齢になってから作成されることが多いため、加齢や認知症により判断能力が低下した状態で作成されることが少なくありません。遺言書は相続争いを防ぐための有効な手段ですが、遺産の処分を決める重要な書面ですから、認知症などによりはっきり意思表示できない方が遺言書を残した場合には、かえって紛争になります。

遺言書が有効になるためには、遺言書を作成する時点で、遺言者が「遺言能力」を備えていなければなりません。遺言能力とは、遺言内容を理解し、遺言の結果を弁識しうるに足る意思能力(言い換えれば、誰に何を相続させるのかなど具体的な遺言の内容とその効果を理解して決めることができる能力)のことです。

一方、認知症とは、おおむね、後天的な脳の器質的障害によって知能が低下し、日常生活・社会生活を営めない状態をいい、65歳以上の高齢者のうち約5人に1人が認知症といわれますが、認知症の具体的症状としては記憶、見当識、認知機能などの障害が挙げられますので、認知症が遺言能力に影響することは否定できません。なお、認知症の判断方法としては、改訂長谷川式簡易知能評価スケール(HDS-R)やミニメンタルステート検査(MMSE)などがあり、いずれも30点満点で20点以下のときには認知症の可能性が高いと考えられているようです。

2 認知症でも遺言能力がある場合

　もっとも、医学的な認知症の診断と遺言能力の判断は異なりますし、認知機能の障害のレベルも様々ですから、認知症なら遺言能力がないと断定することはできません。また、認知症でもできることとできないことがあり、周囲の状況によっては正常に戻る場合（まだら認知症）もあります。たとえば、設問でお母さんは物忘れが多いとされていますが、その程度なら上述の遺言能力を持っている可能性はありますし、遺言の内容が日ごろからの遺言者の言動と一致しているなら遺言が有効となる可能性は高くなります。

　ちなみに、遺言能力の有無が争われた数多くの裁判例では、遺言者の認知症の程度（上記の認知症検査の点数、医療記録、看護記録、介護記録、当時の行動等から伺える遺言者の状態）、病状の変化、遺言作成の動機や作成に至る経緯、遺言作成時の遺言者と親族の関係、遺言内容の複雑さの程度などを総合的に勘案して判断されています。もっとも、それは、具体的な事案の複雑な要素によって判断が異なる可能性があることを意味しますから、こうした裁判の経験や分析に長けた弁護士に相談していただきたいのです。

3 遺言書作成における注意

　相続開始後に遺言能力が問題とされる可能性があるなら、事前に、①遺言者が希望していた内容がわかる遺言者の日記や手紙などを保存する、②日ごろから遺言者の生活状態や会話の内容を記録する、③かかりつけの医師にも遺言者の状態や発言内容をカルテに詳しく記載してもらう（できれば遺言能力があるとの診断書を作成してもらう）、④専門医などに認知症の検査を実施してもらい、合計点のみでなく内訳も分析して、認知・判断能力があることを確認してもらうなどの準備が必要でしょう。

　また、遺言書を作成してもらう際には、⑤相続人や受遺者は同席しない、⑥遺言書作成時の様子を第三者にビデオで撮ってもらう、⑦遺言の内容も簡単なものにとどめる、⑧できれば公正証書遺言にするなどの工夫をお勧めします。

　ただ、遺言者との会話が成立しないような状況に至っているなら、遺言書作成をあきらめるしかないでしょう。

テーマ | 56 遺言と異なる遺産分割協議

設問

父の死後、18年前に作成された父の公正証書遺言が見つかりました。その遺言では、「すべての財産を長男に相続させる」とあり、遺言執行者も指定されていました。でも、次男の私としては納得できませんし、長男である兄も「全財産まではいらない。」と言っています。兄と話し合って、遺言と異なる内容で遺産分割をすることはできませんか。

回答

お父さんの相続人と受遺者（相続人以外の者に対する遺贈があった場合の受贈者）の全員が合意し、遺言執行者の同意があれば、遺言と異なる内容での遺産分割も有効です。

解説

I 遺言と遺産分割協議

遺言は遺言者の意思を表すものですが、遺言の効力が発生するのは相続開始後ですから、その間に何年も経って遺言の内容が実情にそぐわなくなることがあります。また、相続人の誰もが遺言の内容を望まないこともあるでしょう。

また、遺贈については受遺者が遺贈を放棄できるとされ（民法986条1項等）、遺言の対象となる財産を承継することにより利益を受ける者がその利益を放棄すれば、その財産は遺産分割の対象となりますから、「相続させる遺言」の場合もこれと同様に考えることができます。

そこで、相続人と受遺者（相続人以外の者に対する遺贈があった場合の受贈者）の全員が同意するなら、遺言と異なる内容の遺産分割協議を成立させることもできると考えられ、その遺産分割の効力を正面から否定した裁判例は見当たりません。

もっとも、遺産分割が有効となるためには、相続人と受遺者の全員が、被相続人の遺言書があることだけでなく、その内容についても知っていることが必要と思われます。

2　遺言執行者の指定がある遺言と遺産分割協議

さて、遺言書で遺言執行者が指定されている（指定された者が遺言執行者への就職を承諾する前の状態を含みます）場合、相続人は遺言の対象となる相続財産に対する管理処分権を喪失し（民法1013条1項）、遺言執行者が管理処分権をもつことになります（民法1012条1項）。そして、遺言執行者は、遺言と異なる内容で遺産分割したいという相続人の希望に沿わなくても遺言の内容を執行できますし、遺言執行者がいるにもかかわらず、一部の相続人が遺言の内容に反して相続財産を処分した場合、その処分行為は無効になると考えられます（民法1013条2項本文）。

しかし、利害関係人（相続人・受遺者）全員が遺言の内容と異なる遺産分割を行うことに合意し、遺言執行者もそれに同意した場合には、遺言の内容と異なる遺産分割をすることは可能です。この場合は、遺言の内容と異なる相続財産の処分がなされても、民法1013条1項に反せず有効であると考えられています。

遺言と異なる遺産分割を希望する場合、遺言で遺言執行者が指定されているなら、遺言執行者の同意を得るため、遺言で指定された遺言執行者に対して就職の催告（民法1008条）を行う際には、相続人全員に上述の希望があることをあらかじめ伝えておくべきでしょう。第三者でなく、相続人の一人が遺言執行者として指定されている場合には、その相続人は、就職の催告に対して遺言執行者の就職を承諾しない旨確答し、遺言執行者がない状態で遺言と異なる内容の遺産分割を相続人全員ですればよいと考えられます。

3　遺言を作成する上での注意点

ただ、遺言は後日の紛争防止や迅速な財産分けを実現させるものです。せっかく、遺言書を作成しても実現可能性がないことになってしまうと作成した意味もありません。実現可能性のある遺言にするためには、相続税の負担も含め相続人や受遺者の全員の希望と食い違うものとならないか、しっかり確認、検討して遺言書を作成しておくべきです。また、いったん遺言書を作成しても、長い年月が過ぎた場合や、家族の状況に変化があった場合などは、もういちど遺言書を見直し、書き直すことを検討するべきでしょう。

設問

私には妻と子2人がおり、30年前に5000万円で購入した自宅土地建物と3000万円の預金をもっていて、私自身を被保険者、妻を受取人とする死亡給付金2000万円の生命保険契約をしています。私が死んだら、どの程度の相続税がかかるのでしょう。

回答

ここでは、簡単に現行の相続税の仕組みを説明しますが、相続税の計算方法はたいへん複雑なので、弁護士だけでなく税理士にも相談して下さい。

解 説

1 相続税

相続税は、相続や遺贈によって財産を取得した個人に課される税金で、相続開始があったことを知った日の翌日から10か月以内に申告及び納税する義務があります。

2 相続税の計算方法

相続税の計算方法の概略は、以下のとおりです。

まず、①相続、遺贈及び相続時精算課税の適用を受ける贈与によって財産を取得した人ごとに、取得した相続財産の価額にみなし相続による価額や相続時精算課税にかかる贈与の価額を加え、非課税財産の価額、債務及び葬式費用の額を引き、これに相続開始前3年以内（法改正により延長予定です）の贈与財産の価額を足して「各人の課税価格」を計算します。つぎに、②各人の課税価格を合計して課税価格の合計額を出し、そこから基礎控除額（3000万円＋600万円×法定相続人の数）を引いて「課税遺産総額」を出します。そして、③課税遺産総額を、各法定相続人が民法に定める法定相続分に従って取得したものと仮定して各法定相続人の取得金額を計算し、④この各法定相続人ごとの取得金額に相続税の税率を乗じて相続税の基となる税額を計算し、これを合計して「相続税の総額」を算出します。その後、⑤相続税の総額を、財産を取得した人の課税価格の割合で按分して各人ごとの税額を計算し、最後に、⑥各人の相続税額から個別の税

額控除（配偶者税額軽減・未成年者控除・贈与税額控除等）を引いて各人の納付税額を算出するのです。

　以上の説明は、相続税の計算に関する国税庁のホームページを参考にしていますが、これ以外にも、配偶者・父母・子以外の者が財産を取得した場合には税額控除の前に相続税額を20％加算するなど、ここには書ききれない様々なルールがありますので、税務署または税理士に確認して下さい。

3　設例での相続税の計算

　自宅の土地建物は購入価格ではなく、相続財産の評価額は国税庁の「財産評価基本通達」に規定された評価基準で計算され、土地は相続開始時の路線価等、建物は固定資産税評価額が基準になります。ただ、土地について租税特別措置法による小規模宅地等の特例の適用条件を満たすなら評価額の80％を減額できますので、自宅不動産の課税価格はかなり安くなるでしょう。

　つぎに、受取人が指定された死亡保険金は民法上の相続財産ではありませんが、相続税法上は、死亡保険金相当額がみなし相続財産です。ただし、相続人が保険金を受け取る場合は「500万円×法定相続人の数」が非課税となるので、2000万円から1500万円を控除した500万円が課税対象です。

　相談者の相続開始時における預金額や不動産の評価額はわかりませんが、もともと4800万円の基礎控除があるので、相続時の財産がそれ以下なら相続税はかかりません。なお、かりに各相続人の課税価格の合計が7,000万円なら、現行法上での相続税の総額は115万円＋55万円×2＝225万円ですが、配偶者税額軽減により法定相続分の金額または1億6000万円のうちどちらか多い金額までは非課税ですので、妻の負担はなくなり、2人の子が取得した財産の課税価額の割合で相続税を負担することになります。

4　相続法の改正

　平成27年に基礎控除額が大幅引き下げられ、相続税の年間死亡者数に対する年間課税件数の割合が平成27年以降倍増し、令和元年には8.3％となりました。今後も税収確保に向けた相続税法改正が予想されますので、相続税に関する情報は、常に最新のものを確認するようにしてください。

> 設問
>
> 私は、自分の葬儀や法事に過分な費用をかけてもらいたくありません。遺言書で、葬儀等の方法を指定することはできるのでしょうか。また、終末期の医療方針や家族に対する気持ちも遺言書に書いておけるのでしょうか。

> 回答
>
> 法的な効力はありませんが、遺言書には遺言事項以外のことも記載できます（付言事項）。ただし、内容によっては意味がなかったり、問題が生じることがありますので注意して下さい。

解　説

I　遺言事項と付言事項

　遺言は遺言者の一方的な意思表示であり、無条件に法的効力を認めていたのでは利害関係人に混乱を生じさせるため、遺言で行うことができる事項（法定遺言事項）は民法等で定められ、これについてのみ法的効力が認められます。遺言事項には、遺産分割方法の指定、遺贈、認知など身分関係に関する事項、遺言執行者の指定等があります。

　これに対して、遺言書には遺言事項以外のことが書かれることがあり、これは「付言事項」と呼ばれます。付言事項は、遺言事項とは項を分けて記載することが多いですが、遺言事項の項の中に記載することもあります。ただ、付言事項には権利義務を生じさせる法的効力が認められません。これは、付言が禁止されるということではなく、裁判所に訴えてその内容を実現する方法がないという意味です。

　よくある付言事項は、家族へ感謝の言葉、遺言の趣旨を補足する説明、遺言者本人の葬儀や祭祀承継に関する希望、財産価値が乏しく形見分けとして処分される物品等に関する記載などです。なお、付言事項やその内容については、遺言事項とは異なり、公序良俗に反しない限りほぼ制限がないと考えられます。

　以上から、相談者が遺言書への記載を希望される家族に対する気持ちなどは、付言事項としての記載はできますが、以下の点に気をつけて下さい。

2　葬儀等の方法の指定

　　遺言者が希望する葬儀等の方法を付言事項に記載しても法的効力は認められず、その実現は相続人らの意思に委ねられます。

　　しかし、相続人らも、葬儀の方法に関する遺言者の希望を尊重するでしょうから、付言事項として記載することには意味がないわけではありません。

　　もっとも、遺言者の死後ただちに相続人らが遺言書を確認できないこともあるので、死亡直後に行われる葬儀等に関する遺言者の希望については、遺言書に記載するだけでなく、家族にあらかじめ知らせておくべきでしょうし、それを確実にするためなら死後事務委任契約の利用も考えられます。

3　終末期の医療方針

　　終末期の医療方針についても付言事項として遺言書に記載できますが、遺言書は遺言者の死後に開示されますから、生前の医療方針についての希望を書いても意味がないでしょうし、むしろ、後からそれを知った家族に後悔させてしまうかもしれません。したがって、胃ろうなどの延命治療の可否や尊厳死の希望などについては遺言書と同時に尊厳死宣言公正証書などを作成し、自分の意思を家族に明らかにしておくべきでしょう。

4　家族に対する気持ち

　　家族に感謝等の気持ちを伝える付言事項はよく用いられており、とくに記載方法の制約等はありません。また、金融機関等ではこのような付言事項を推奨しています。

　　ただ、このような付言事項は、遺言者の想いを相続人らに伝え、相続人らに納得してもらうためのものなので、相続人がこれを読んで反発するような内容（人格攻撃、いたずらな非難等）は避けるべきでしょう。このような内容の付言事項では、一部の相続人に、その遺言を受け容れない、遺言で得する人を許さないなどの意地や感情を生じさせ、かえって相続人間に深刻な紛争を引き起こしてしまう可能性があるからです。

　　以上のように、遺言事項ではカバーできない人間関係等の問題についても付言事項で対応することができますが、付言事項の表現については、相続人の立場に立って、よく考えていただきたいと思います。

テーマ 59 ▶ 遺言執行者

設問　書店で遺言書コーナーの本を見ていると、「遺言執行者を定めた方がよい」という記載が目につきます。遺言執行者は、本当に必要なのでしょうか。

回答　遺言執行者とは、亡くなった遺言者に代わって遺言の内容を実現（執行）する人です。遺言執行者でなければ執行できない場合もありますし、そうでなかったとしても、相続開始後に相続人間でもめそうな懸念があるのなら、遺言書で遺言執行者を指定しておくべきです。

解説

1　遺言執行者の要否

　まず、遺言書で、子の認知や推定相続人の相続資格の剥奪（廃除）などを記載する場合は、それを執行する者として遺言執行者が必要不可欠です。他方、遺言で相続分の指定や遺産分割の禁止を定めるだけなら、遺言執行者の指定には意味がありません。

2　遺言執行者の必要性

　相続人間での遺産分割の方法を指定する場合や、特定の財産を遺贈することなどを内容として含む場合には、その内容を実現するための手続（執行）が必要になります。

　まず、特定の財産を遺贈する場合は、遺言執行者のない場合、その手続に相続人全員の協力が必要ですが、協力してくれない相続人が一人でもいれば、相続人全員に対して裁判することになりかねません。この点、遺言執行者は相続人の態度にかかわりなく遺贈を履行できるので、遺言書で遺言執行者を指定する実益があります。

　つぎに、遺産分割方法の指定として特定の財産を相続人に相続させるとした場合（特定財産承継遺言）、その相続人は単独で名義変更等の手続ができますが、その相続人が対抗要件の具備（不動産登記など）を失念する可能性があるので、遺言執行者を指定して手続をさせる方がよいと考えられます（民法1014条2項）。

また、遺産分割方法の指定として不動産や株式等を換価売却して相続人らに代金を分配する旨の遺言の場合、相続人全員が協力してその手続を行うこともできますが、やはり非協力的な相続人がいるかもしれない可能性に備えて、第三者の遺言執行者を指定して手続をまかせた方が賢明でしょう。

　なお、遺言で預貯金を受け取る相続人や受贈者が、金融機関に対して預貯金の解約払戻しや名義変更を請求する場合、金融機関から相続人全員の承諾を証明する書面の提出や遺言執行者の選任を求められることがあります。しかし、この場合も、遺言執行者を指定しておけば、遺言執行者が預金の解約払戻しや名義変更を請求できますので、この点でも遺言執行者を指定する実益があります。

3　遺言執行者の役割

　遺言で遺言執行者を選任しておくと、相続開始後に就職した遺言執行者は、遺言の内容を実現するため、相続財産の管理その他遺言の執行に必要な一切の行為をする権利義務を有し、相続人の協力が得られない場合でも遺言の内容を実現することができますし（民法1012条1項）、その一方で、相続人は、遺言執行者がいる場合には相続財産の処分など遺言の内容の実現を妨害できず、それに違反して財産を処分したとしても、その行為は、原則として無効となります（民法1013条）。つまり、遺言執行者を指定しておけば、家庭裁判所に遺言執行者の選任を申し立てる手間を省きながら、迅速かつ確実に、遺言者の意思を実現できるといえるでしょう。さらに、遺言執行者は相続人に相続財産目録を交付するので、これによって遺産の内容が明らかになりますし、相続人や受贈者が相互に連絡したり話し合ったりする必要もないので、人間関係の悪化を防ぐ緩衝材としての効果も期待できます。

4　遺言執行者の適格性

　遺言執行者を指定した遺言書があっても、いざ相続が開始すれば、思いもよらないことがきっかけとなって相続人や受贈者がもめる可能性を完全には否定できません。遺言執行者は、遺言の内容を公平中立な立場で実現しなければなりませんから、相続人を遺言執行者に指定することは避け、こうした手続に詳しい弁護士などの第三者を遺言執行者として指定すべきでしょう。

> 設問
> 父の遺言公正証書には私の弟を「遺言執行者に指定する」との記載があったのですが、半年たっても弟は亡父の遺産を明らかにしてくれません。どうすればいいでしょうか。

> 回答
> 遺言執行者には、遺言の内容を遅滞なく相続人に通知する義務や、相続財産目録を作成し、相続人に交付する義務などがあります。任務を怠っている場合やその他正当な事由があれば、家庭裁判所にその解任を請求することができます。

解説

1 遺言内容の通知義務と弟に対する就職の催告

遺言執行者は、就職後ただちにその任務を行わなければならず、任務を開始したときは遅滞なく遺言の内容を相続人に通知しなければなりません。

かりに、相談者の弟から何ら通知がなく、遺言執行者に就職したか否かも明らかにしない場合、相当の期間を定めて、遺言執行者に就職するか否かを催告することができます。この場合、相当の期間内に確答がなければ、遺言執行者への就職を承諾したものとみなされます。

以下、相談者の弟が遺言執行者に就職したことを前提に解説します。

2 相続財産目録の作成交付義務

遺言執行者は、就職後「遅滞なく」相続財産の目録を作成し、相続人に交付しなければなりません。この「相続人」は法定相続人を指すので、遺言の内容にかかわらず（たとえ全財産を弟に相続させる旨の内容の遺言であっても）、お父さんの法定相続人である相談者は、遺言執行者である弟に対して、相続財産目録の作成及び交付を請求できます。

また、相続財産目録の作成には相続財産の調査が必要で、ある程度の期間を要しますが、「遅滞なく」とは、遺言執行者の就任後2〜3か月程度が目安と考えられます。あなたの弟が遺言執行者に就任してから半年近く経過しているのであれば、書面により期限を定めて相続財産目録の交付を求めるべきです。

3 遺言執行者の報告義務

　遺言執行者は、遺言の執行に必要な一切の行為をする権利を有する一方で、相続人に対しては善管注意義務を負い、執行事務処理の状況についての報告義務も負っています。相続財産の調査が終了しておらず、財産目録の作成が完了していない場合でも、その事務処理状況について報告しなくてはなりません。

　したがって、たとえ相談者の弟が相続財産目録作成中であったとしても、相談者は遺言執行者の職務の一環としての相続財産目録作成状況等の中間報告を求めることができます。

4 遺言執行者の解任

　利害関係人は、遺言執行者がその任務を怠ったときその他正当な事由があるときは、家庭裁判所に遺言執行者の解任を請求できます（民法1019条）。遺言執行者である弟が、いつまでも相続財産目録を交付しない場合や、相続人からの求めに対して全く応答せず、報告義務を果たさないような場合には、遺言執行者としての「任務を怠った」にあたるものとして、解任を求めることができます。

　また、遺言の内容やお父さんの生前の生活状況などにもよりますが、弟が不誠実な態度に終始するのであれば、他の相続人から、「弟は父に自己に有利な遺言を作成させたうえ、遺言執行者になった後も、遺留分侵害や生前贈与などの事実を隠すために相続財産目録の作成及び交付を行わないのではないか」と疑われても仕方がないでしょう。

　そして、遺言執行者には公正・中立性が求められますので、弟がこのような疑念を払拭せずに、自己の利益にのみのために行動しているなど、中立公正な遺言内容の実現が期待できない事情があれば、遺言執行者を解任する「正当な事由」があると認められる可能性が高いといえるでしょう。

　なお、家庭裁判所に遺言執行者の解任請求を申し立てる場合には、あわせて、新しい遺言執行者の選任も申し立てておくべきです。

> 設問
>
> 弁護士に遺言書作成や遺産整理を頼んだり、遺産分割の代理人を依頼すると、どのくらいの費用がかかりますか。また、信頼できる弁護士は、どうやって探せばよいのでしょうか。

> 回答
>
> 弁護士は敷居が高いと感じられるかもしれませんが、遺言相続分野についてもっとも経験があるのは弁護士です。弁護士に相談される場合、弁護士費用についても納得のいくまで説明を受けて下さい。

解 説

１ 日弁連基準（旧基準）

弁護士の報酬等は、日本弁護士連合会弁護士報酬基準規程（以下、「旧基準」という）で決められていましたが、平成16年に撤廃され、弁護士と依頼人が交渉して自由に決められることになりました。しかし、今でも多くの弁護士は旧基準にしたがって報酬等を決めていますので、弁護士に相談に行く前に、インターネットで旧基準の内容を確認しておくことをお勧めします。

２ 紛争性がない場合の手数料

弁護士に遺言書の作成、遺産の調査、遺産整理、遺言執行、遺言書の検認、相続放棄などの事案を依頼する場合は、紛争性がないので成功報酬もなく、弁護士の費用は裁判外の手数料と呼ばれます。

その代表格は遺言書の作成ですが、旧基準では定型（簡単なもの）の遺言書作成料は10万円から20万円であり、非定型（複雑なもの）の場合は、財産の価格によって変わるものとされています（金額には別途消費税がかかります。以下同じ）。また、旧基準によれば、遺産が5000万円の遺言執行の手数料は104万円であり、遺産整理も同じ基準になるものと思われます。これに対して、遺言書の検認や相続放棄の手数料は10万円から20万円が相場でしょう。なお、金融機関や各種士業もこれらの事案を取り扱いますが、弁護士の手数料は、それらと比べても、けっして高くはありません。

3 紛争性がある場合の弁護士報酬

　以上に対して、弁護士に遺産分割（交渉・調停・審判）、遺留分侵害額請求、遺言無効確認など紛争性のある事案を依頼する場合、弁護士の費用は結論によって変わるので、弁護士報酬（着手金と報酬）と呼ばれます。

　もっとも、形式的に紛争性があっても、実質的には紛争性がない場合があり、旧基準もこれを反映しています。たとえば、依頼人の法定相続分が1500万円の遺産分割事件で相手方もそれを積極的に争わないなら、経済的利益の額が1／3（500万円）とみなされ、着手金は34万円、報酬はその倍額の68万円が基準になります。これに対して、相手方が依頼人の法定相続分そのものを争う場合は、1500万円全体が経済的利益となり、着手金は84万円、報酬は168万円が基準になります。

　このように、紛争性がある場合の弁護士報酬は、事案の内容によって異なりますから、かりに旧基準によって弁護士報酬を決める場合でも、事前に弁護士から事案の内容に応じた説明を聞き、必要に応じて場合分けなどをしたうえで委任契約を締結するべきです。

　なお、弁護士には委任契約書の作成が義務付けられていますし、弁護士も後で依頼人ともめたくはないはずですから、ここで遠慮する必要はありません。また、委任契約書を締結する時点で、弁護士が手数料や弁護士報酬について面倒がらず懇切に説明してくれるなら、その弁護士は信頼できる可能性が高いでしょう。

4 弁護士を探すには

　弁護士を探すなら、誰かに弁護士を紹介してもらうのが堅実ですが、その弁護士が遺言や相続についての知識や経験を持っているとは限りません。また、市役所等の無料相談や各弁護士会の相談窓口を利用される場合も、その弁護士に遺言や相続分野の知見があるか、相性が合うかを考えて判断することになりますが、できれば複数の弁護士と面談して比較することをお勧めします。

　なお、大阪弁護士会の遺言・相続センターでは、遺言相続分野に知見のある弁護士が遺言相続に関する電話無料相談を行っていますので（06―6364―1205）、必要があれば、電話で相談した弁護士に依頼することもできます。

設問 伯父が死亡し、私が相続人の一人になったらしいと知らされました。何をどうすればよいのかわからないので弁護士に相談するつもりですが、どのような準備が必要でしょうか。

回答 簡単な親族関係図、時系列のメモ、遺産内容がわかるメモの「3点セット」と遺言書の写しなどをご持参いただけるとありがたいです。ただし、準備が不十分でも、まずはご相談いただくことが大切です。

解説

1 資料収集より相談優先

相続案件では、除籍謄本で被相続人の相続開始を確認し、戸籍等で法定相続人と法定相続分を確定させ、公証役場などで遺言書の有無を確認し、不動産登記簿、固定資産税台帳、残高証明書などで遺産の内容を確認するといった作業が必要になりますが、これらの手続にはかなりの時間と手間がかかります。したがって、資料が手元になくても相談を優先させ、資料の調査や取り寄せは弁護士にまかせた方が早いでしょう。

2 事前に用意する資料

初回相談を効率的なものにするため、以下の「3点セット」をご用意いただけるとありがたいです。

(1) 親族関係図・・・わかる範囲で結構なので、簡単な「親族関係図」をご用意下さい。これを見れば法定相続人、法定相続分、遺留分権利者などが一目瞭然だからです。親族関係図には決まった書式はありませんので、被相続人を中心に、配偶者、両親、子、孫、兄弟姉妹、兄弟姉妹の子などを記載して下さい。

(2) 時系列メモ・・・設問では被相続人は伯父さんなので限界があるかもしれませんが、一般的に、相続のご相談では、被相続人とご家族の生活状況を把握し、相続人らの立場を確認する必要がありますので、簡単な時系列のメモをご用意いただけるとたいへん助かります。

(3) 遺産内容のメモ・・・ご相談の時点で相談者が把握している不動産、

預貯金、株式、生命保険、動産等の積極財産と、わかるなら相続債務や葬式費用等の消極財産も記載した一覧表をご用意下さい。もちろん、詳しいに越したことはありませんが、記憶に基づくものだけでも結構です。

(4) その他・・・以上の3点セットのほかに遺言書の写しを持っておられるなら、必ずご持参下さい（なお、封印のある自筆証書遺言書は開封しないで下さい）。また、相談のはじめに、具体的に弁護士に尋ねたいと思っている質問事項を記載したメモを渡していただければ、回答する際にたいへん役に立ちます。

3 無料市民法律相談や無料電話相談を利用する場合

まず、弁護士会や自治体が開いている市民法律相談では、通常、相談時間が20分から30分程度に制限されるため、弁護士も要領よくご相談を伺って、アドバイスを差し上げなければなりません。したがって、あらかじめ、相談される問題の概略がわかる上記のような「3点セット」をご準備いただくと効果的です。また、ご家族やご友人と一緒に相談を聞かれた方が間違いがないかもしれません。

なお、大阪弁護士会遺言・相続センターが実施している無料電話相談（06－6364－1205)は、思い立った時に電話して相談できる点でたいへん便利です。ただ、時間に限りがありますので、お手元に3点セットのメモをご用意のうえお電話いただき、せっかくの機会を効率よくご利用いただければと思います。

4 法律事務所を訪問する場合

これに対して、相談者が法律事務所を訪問する場合は、十分な時間をかけ、書面などを確認しながら弁護士に相談いただけます。したがって、市民法律相談や電話相談を利用された場合も、その弁護士が頼りになると感じられた場合は、引き続いてその弁護士の法律事務所を訪問して相談されることをお勧めします。

なお、相続開始や相続人を確定させるための被相続人の除籍謄本、戸籍謄本、改製原戸籍謄本などや、遺産がわかる通帳や残高証明書、不動産の全部事項証明書（登記簿謄本）や固定資産評価証明書（固定資産税、都市計画税の課税明細書）等がお手元にあれば、これらもご持参下さい。弁護士も、その分だけ正確にアドバイスできるはずです。

なお、法律相談の会話録音を希望される場合は、あらかじめ弁護士にお断り下さい。

無料電話相談等のご案内

大阪弁護士会／遺言・相続センター運営委員会

委員長　　櫻　田　　　司

　大阪弁護士会／遺言・相続センターでは、平成20年9月から15年にわたって無料法律相談を実施しており、本書の執筆者も、すべて大阪弁護士会／遺言・相続センター運営委員会に所属する弁護士です。

　したがって、ご質問などがあれば、遠慮なく遺言・相続センターの無料法律相談をご利用下さい。大阪弁護士会／遺言・相続センターのご利用方法は以下のとおりです。

〔無料電話相談をご利用の場合〕

❶　相談専用の電話番号は、**06（6364）1205** です。大阪府下に限らず、全国どこからでもご利用いただけます。

❷　受付時間は**月曜から金曜の平日午前10時から12時、午後1時から4時30分**です（令和5年10月から受付時間を変更しました）。[※1] なお、土日・祝日・大阪弁護士会館休館日（正月等）は対応しておりません。

❸　お電話いただいた場合、大阪弁護士会職員が簡単にご相談内容をお伺いし、待機中の弁護士から、相談者のお電話に折り返しの電話を差し上げます（コールバック方式）。したがって、ご相談ご希望の場合は**相談者のお電話番号**をお知らせいただく必要があります。

❹　弁護士からは**1時間以内**にコールバック差し上げますが、それよりも早くお電話差し上げることもあります。[※2]

❺　この電話相談では、遺言・相続分野の研修を履修し、同分野の知見をもつ大阪弁護士会会員の弁護士が相談に対応しています。

❻　遺言相続センターでの電話相談は無料です。

❼　ご相談内容は、遺言、相続、遺産分割、相続放棄、遺産整理、相続対策など遺言・相続に関するものであれば結構です。

❽　無料電話相談の相談時間は**原則として20分**ですが、ご事情や内容によってはそれを超えて対応させていただくこともあります。

❾ 電話で相談したが、もう少し話を聞きたいとのことであれば、電話相談
を担当した弁護士との面談による相談も可能です（継続相談）。なおこの
場合は、相談料が必要です。※3

〔遺言書作成の場合〕

　大阪弁護士会／遺言・相続センターを通じて、遺言書作成を弁護士に依頼
いただくことができます。

　この場合の遺言書作成手数料は**原則として10万円と消費税**です。なお、内
容が複雑な遺言書の作成手数料の上限は遺言書1通あたり30万円と消費税と
しています（別途、公正証書遺言作成の場合の公証人手数料や調査費用がか
かることがあります）。

〔弁護士の紹介〕

　大阪弁護士会では、遺産分割、遺言無効、遺留分侵害額請求、遺産整理、
相続放棄などの法的処理について、弁護士のご紹介にも対応しています。ご
希望がございましたら、総合法律相談センター（電話番号 **06（6364）
1248**）にお電話下さい。なお、この場合は、大阪弁護士会が委任契約の内
容を審査しますので、ご安心いただけます。

〔講師派遣〕

　大阪弁護士会では、講師派遣による講演等のご依頼にも対応していますの
で、お気軽にご相談下さい（電話番号 **06（6364）1248**）。

〔注意事項〕

　最近、インターネット上で大阪弁護士会／遺言・相続センターと混同しか
ねない名称を用いた表示が散見されます。**正規の弁護士会が運営する遺言・
相続センター**は大阪弁護士会・京都弁護士会・兵庫県弁護士会等ごく少数に
限られますので、ご注意下さい。

※1　将来的に運用が変更される可能性がありますので、詳しくは大阪弁護士会ホーム
　　ページでご確認下さい。
※2　電話集中等の事情により、コールバックが遅れる可能性があります。
　　なお、午前11時30分から12時までにお電話された方については、午後1時以降の
　　コールバックとなる場合があります。
※3　相談料は30分あたり5000円と消費税が目安ですが、詳しくは弁護士にご確認下さい。

索 引

【ま行】

【や行】

【ら行】

大阪弁護士協同組合からのご挨拶

　このたび大阪弁護士会遺言・相続センター運営委員会の執筆、編集による『遺言相続の落とし穴』（改訂版）を発刊させていただくことになりました。

　身近でありながらも、難しい問題を含む遺言・相続というテーマについて、本書の初版は、一般市民の方々を対象としつつも、弁護士にとっても有用な書籍となることを目指して、2013年（平成25年）3月に発刊されました。

　おかげさまで、初版は、多くの方のご好評を得て、広くご活用いただけることとなりました。

　その後10年を経て、幾度もの法改正がなされておりますところ、より多くの方にご活用いただくため、このたびの改訂版発刊の運びとなりました。

　改訂版発刊にあたっては、実務経験豊富な弁護士の方々に、執筆、編集をご担当いただきました。

　それにより、改訂版もまた初版と同じく、あるいは初版以上に、一般市民の方々や弁護士にとっても有用なものとなり、多くの方に、広くご活用いただける書籍になったものと確信しております。

　末筆ながら、ここに、本書の執筆、編集をご担当いただきました大阪弁護士会遺言・相続センター運営委員会の弁護士の方々の多大なご尽力に対し、敬意を表し、厚く御礼申し上げます。

　本書が当協同組合発行の他の出版物同様、皆様方のお役に立つことができましたら幸甚です。

2023年（令和5年）9月

大阪弁護士協同組合

理事長　江　口　陽　三

執筆者等一覧

<執筆者兼編集委員>

安　部　将　規　（アイマン総合法律事務所）

上　田　智　子　（カルミア法律事務所）

櫻　田　　　司　（櫻田司法律事務所）

蝶　野　弘　治　（蝶野法律事務所）

服　部　正　德　（德法律事務所）

本　間　亜　紀　（本間法律事務所）

村　上　光太郎　（弁護士法人第一法律事務所）

山　田　和　哉　（法律事務所プリウス）

<執筆者>

足　立　朋　子　（いまここ法律会計事務所）

安　部　雄　貴　（大阪和音法律事務所）

泉　　　宏　明　（親和法律事務所大阪事務所）

井　本　雅　之　（法修館法律事務所）

植　田　　　諭　（植田総合法律事務所）

岡　村　峰　子　（弁護士法人英知法律事務所）

加　納　一　生　（大阪総合法律事務所）

清　水　正　憲　（清水共同法律事務所）

田　頭　拓　也　（至道法律事務所）

髙　橋　哲　也　（富田林総合法律事務所）

得　能　吉　裕　（ひまわり総合法律事務所）

中　川　雅　貴　（中川法律事務所）

中　林　祐　太　（平野町法律事務所）

葉　方　心　平　（葉方法律事務所）

橋　元　紀　子　（のぐち法律事務所）

早　瀬　靖　恵　（ひまわり総合法律事務所）

早　見　太　輔　（大阪A＆M法律事務所）

檜　垣　建　太　（弁護士法人関西法律特許事務所）

堀　川　雅　典　（谷町法律事務所）

目　瀬　健　太　（弁護士法人第一法律事務所）

山　田　英　樹　（上町総合法律事務所）

山　本　達　也　（天王寺総合法律事務所）

＜編集代表＞

藤　井　　　薫　（藤井薫法律事務所）

※　以上、全員が大阪弁護士会 遺言・相続センター運営委員会のメン
　　バーです。

遺言相続の落とし穴【改訂版】

発　　　行　　令和 5 年10月20日

編　　　者　　大阪弁護士会
　　　　　　　遺言・相続センター運営委員会

発 行 者　　大阪弁護士協同組合
　　　　　　　〒 530-0047
　　　　　　　大阪市北区西天満 1 -12- 5
　　　　　　　大阪弁護士会館内
　　　　　　　ＴＥＬ　06-6364-8208
　　　　　　　ＦＡＸ　06-6364-1693

印 刷 所　　大阪書籍印刷株式会社

　　　　　　　定価　1,364円＋消費税